Natalia Evgenievna Gavrilina
Anastasiia Eduardovna Savchuk
Ekaterina Alexandrovna Neupokoeva

**The import substitution policy
in the modern Russian economy**

Lulu Press, Inc.
Raleigh, North Carolina, USA
2015

UDC 338.24
G27

G27   Gavrilina N. E., Savchuk A. E., Neupokoeva E. A. The import substitution policy in the modern Russian economy. Raleigh, North Carolina, USA: Lulu Press, 2015. 110 p.

ISBN 978-1-326-39963-4

This monograph research policy of import substitution in Russia at the current stage, formed by group of authors. The actuality and the practical significance of this study lies in the fact that the Russian economy exists in the sanction regime by the West at present time. As an right response Russia chose the police of restricting imports from Europe and the policy of import substitution. In the modern Russian economic system is long overdue need to build its own production in different areas, modernization and intensification of the national industry, the promotion of nation agricultural products. The policy of import substitution would allow the economies of Russia to reach a higher level, to intensify production, to become independent of imports and improve the welfare of the people. Import substitution is an important factor in the development of the national economy from 2000, but the policy is playing a leading role in the strategy of Russia's development now. Today Russia is on the threshold of significant change in the economy, that has long needed.

(RUS)

ISBN 978-1-326-39963-4

© Gavrilina N. E., Savchuk A. E., Neupokoeva E. A., 2015
© Lulu Press, Inc., 2015

Оглавление

Введение 5

ГЛАВА 1. Экономические основы политики импортозамещения в России. 9
1.1. Экономические и политические условия функционирования экономики России на современном этапе. 9
1.2 Политика импортозамещения в рамках функционирования союзного государства. 20
1.3. Концепция региональной инвестиционной политики в условиях внедрения политики импортозамещения 24
1.4. Сущность импортозамещения как экономического процесса 30
1.5. Нормативно-правовая база политики импортозамещения. 35
1.6. Проблема повышения конкурентоспособности региона в условиях политики импортозамещения 40

ГЛАВА 2. АНАЛИЗ ИНВЕСТИЦИОННЫХ ВОЗМОЖНОСТЕЙ РЕГИОНА ПО РЕАЛИЗАЦИИ ПРОГРАММЫ ИМПОРТОЗАМЕЩЕНИЯ 47
2.1. Социально-экономическая характеристика региона 47
2.2 Анализ источников финансирования развития экономики региона 65
2.3. Бюджетно-региональная политика инвестиционных решений 73

ГЛАВА 3. РЕАЛИЗАЦИЯ ПОЛИТИКИ ИМПОРТОЗАМЕЩЕНИЯ В АСТРАХАНСКОЙ ОБЛАСТИ 86
3.1. Основные направления Программы импортозамещения в Астраханском регионе 86
3.2. Проблемы реализации политики импортозамещения в Астраханском регионе 92
3.3. Индустриально-инновационное развитие Астраханского региона 96

Заключение 104

Приложение 1. Показатели социально-экономического развития Астраханской области 2012-2014 гг. 108

Введение

Актуальность и практическая значимость данного исследования заключается в том, что в настоящее время экономика России существует в режиме санкций со стороны Запада. Вызван данный факт рядом причин не только экономического, но прежде всего политического характера. Проведение независимой внешней политики, ориентация на собственные геополитические интересы, независимость и политическая поддержка братского народа Восточной Украины вызывают крайнее неудовольствие со стороны Америки и ряда европейских стран. Рычагом влияния на Россию выбран режим санкций и внешняя изоляция России. Режим санкций подразумевает ограничение ввоза в Европу товаров, сырья, произведенных в России. Как адекватный ответ Россией была выбрана политика ограничения импорта из Европы и политика импортозамещения. В современной экономической системе России давно назрела необходимость наращивания собственного производства в различных сферах, модернизация и интенсификация отечественной промышленности, продвижение отечественного сельскохозяйственного производителя.

Известнейший отечественный экономист Михаил Делягин считает «чтобы стать успешным, государство (и в этом оно ничуть не отличается от всех остальных общественных явлений) должно действовать в соответствии со своей природой, то есть — в интересах общества. В современной России это означает прежде всего разработку нового, нелиберального национального проекта, направленного на обеспечение интересов всех основных слоев общества, ущемлённых либеральным проектом».[1]

---

[1] Михаил Делягин ««Холодная война» и модернизация России». Изборский клуб № 9 2014. http://www.dynacon.ru/content/articles/4540/

Политика импортозамещения своей главной целью ставит создание оптимальных условий для выживания и сохранения отечественной экономики в условиях геополитического кризиса; создание внутреннего иммунитета и внешней защищенности от дестабилизирующих воздействий; повышение конкурентоспособности регионов на внутренних и мировых рынках. Импортозамещение является важнейшим фактором развития отечественной экономики с 2000 года, но в настоящее время данная политика играет ведущую роль в стратегии развития России. Сегодня Россия стоит на пороге значительных перемен в экономике, необходимость в которых давно назрела.

Как пишет академик Сергей Глазьев в своей работе «Украинская катастрофа: от американской агрессии к мировой войне?»….«Российская промышленность работает на 2/3 своего потенциала. Загрузка производственных мощностей, особенно в наукоемком секторе, в машиностроении, колеблется от 40 до 60%. У нас скрытая безработица в промышленности, что позволяет увеличить выпуск продукции, не прибегая к привлечению дополнительной рабочей силы, на 20%. У нас безграничные запасы природных ресурсов. Нет никаких объективных причин для спада инвестиций и объемов производства. У нас есть все возможности иметь рост от 6 до 8% в год»[2].

«Вилка» наших возможностей очень широка. Мы способны совершить экономическое чудо, сделать рывок и снова войти в число лидирующих стран. Отразить американскую агрессию и вернуть себе роль одного из самых влиятельных центров, определяющих мировое развитие».[3]

---

[2]Сергей Глазьев: «Мы сами спонсируем войну против России».10.12.2014http://portal-kultura.ru/articles/person/73738-sergey-glazev-my-sami-sponsiruem-voynu-protiv-rossii/

[3] Михаил Делягин ««Холодная война» и модернизация России». Изборский клуб № 9 2014.

Целью данной работы является комплексный анализ политики импортозамещения в России на современном этапе, определение глобальных факторов, оказывающих влияние на данную политику, научном обосновании предложений по совершенствованию государственной поддержки импортозамещения в целом по стране и в отдельных регионах.

Для выполнения целей данной научной работы были поставлены следующие задачи:

- определить теоретическую базу политики импортозамещения

-определить нормативно-правовую базу государственной политики импортозамещения

-проанализировать зарубежный опыт в области импортозамещения

-определить приоритеты политики импортозамещения на примере Астраханского региона

-разработать практические рекомендации для оптимизации мероприятий в области импортозамещения на уровне региона.

Объектом исследования является сфера отечественной промышленности и сельского хозяйства.

Предметом исследования данной научной работы являются экономические отношения в процессе осуществления государственной поддержки политики импортозамещения.

---

http://www.dynacon.ru/content/articles/4540/

Методологическую и теоретическую основу данного исследования составили научные труды российских и зарубежных ученых по вопросам теории и практики политики импортозамещения, инструментам ее реализации на уровне регионального производства , а также материалы по разрабатываемым на государственном уровне механизмам стимулирования политики импортозамещения.

В работе использованы данные мониторинга Астраханского региона, а также данные статистической отчетности и программы стратегического развития Астраханского региона.

ГЛАВА 1. Экономические основы политики импортозамещения в России.

1.1. Экономические и политические условия функционирования экономики России на современном этапе.

В настоящее время следует говорить о значительном изменении условий функционирования России. В условиях кризиса на Украине, изменении ее внешнеполитического вектора, переходе России на позиции противника во внешнеполитической деятельности , крайне негативной оценке Западом политики России нашей стране ,и Союзному государству в целом, предстоит в значительной степени скорректировать свою внешнюю политику и внутреннюю политику в условиях значительных внешних вызовов. В условиях враждебного европейского окружения и экономических санкций особенно остро встает вопрос о союзе с Республикой Беларусь как важнейшем политическом и экономическом партнере. В условиях успешного функционирования союза Беларуси и России встает вопрос об укреплении отношений с партнерами по Евразийскому Союзу.

В текущем году интеграционные процессы на постсоветском пространстве получили определенное развитие и достигли, если можно так сказать, кульминации. Так, начал действовать с 2015 года ЕАЭС - страны перешли к более высокой и всесторонней форме сотрудничества. Противовесом в обострившейся внешней угрозе будет являться мощный Евразийский Союз, лидером которого в силу своего геополитического положения является Россия.

На пути к построению третьего глобального полюса силы необходимо активизировать работу по вовлечению в евразийский интеграционный процесс наших традиционных партнеров, ускорить подписание соглашения о зоне свободной торговли с Вьетнамом, начать соответствующие переговоры с Индией, Сирией, Ираном, Турцией объединениями МЕРКОСУР и «Боливарианский альянс» в Латинской Америке.

Совершенно очевидно, что евразийский интеграционный процесс должен преподноситься не как вещь в себе, то есть не как сугубо региональный проект с ограниченными целями и ограниченным числом участников, а как глобальный проект восстановления общего пространства развития веками живших вместе, сотрудничавших и обогащавших друг друга народов от Лиссабона до Владивостока и от Петербурга до Коломбо.

Для успеха проекта важен не только учет прагматических экономических интересов – не менее, а скорее даже более важным является идейный фундамент нового образования.

Союз должен предложить реальную альтернативу сложившемуся мировому устройству, выдвинуть новую парадигму развития на основе иной системы ценностей.[4] Как показывает история, происходящая в настоящее время смена технологических укладов и связанных с ними больших циклов экономической активности Кондратьева всегда идет через глубокие депрессии и финансовые кризисы, разрешаемые военными средствами. На сегодня потенциал роста доминирующего технологического уклада исчерпан. Выход на новую длинную волну экономического роста связан со становлением нового технологического уклада, основанного на комплексе нано-, биоинженерных, информационно-коммуникационных и когнитивных технологий, для подъема

---

[4] ГЛАЗЬЕВ.С."ПРЕДОТВРАТИТЬ ВОЙНУ – ПОБЕДИТЬ В ВОЙНЕ". (доклад Изборскому клубу). - [Электронный ресурс] – Режим доступа:http://dynacon.ru/content/articles/3962/

которого необходимо резкое увеличение расходов на НИОКР и инвестиций в создание новых и модернизацию существующих производственных мощностей.

Развязывание мировой войны (не важно в какой форме: «горячей», «холодной» или, как в нынешних условиях, в форме «гибридной» хаосо-войны) позволяет обосновать многократное увеличение государственных расходов на обеспечение роста нового технологического уклада. В этом заключается фундаментальная мотивация властвующей элиты США в дестабилизации мировой военно-политической обстановки и провоцировании вооруженных конфликтов. Дополнительным фактором усиления данной мотивации является смена вековых циклов накопления капитала, которая сопровождается подъемом Китая и перемещением центра глобального экономического развития в Азию[5]. Как считает академик С.Глазьев, "использование Украины в качестве средства и жертвы идеально для США, поскольку позволяет расколоть Русский мир, лишив Россию естественных союзников, и, выставив ее агрессором, подчинить себе Евросоюз и консолидировать своих партнеров по всему миру. Сама же война, по замыслу США, будет идти между частями Русского мира и за их же счет. Это исключает применение Россией оружия массового поражения. При этом США окупают свои расходы, захватив в качестве бонуса рынок ядерного топлива Украины, ее газотранспортную инфраструктуру и месторождения сланцевого газа. Война дестабилизирует Европу, провоцируя бегство капитала и умов в США. И, самое неприятное для нас, – она уничтожает историческое ядро Русского мира, отрывая от России ее православных и славянских союзников. Тем самым США выбивают из-под нас духовные, этнические и культурно-исторические основы идеологии воссоединения Русского

---

[5] Айвазов.А. Периодическая система мирового капиталистического развития.2012. - [Электронный ресурс] – Режим доступа : http://www.warandpeace.ru/ru/exclusive/view/66601/

мира. Размывается идейный фундамент евразийской интеграции, в котором остаются только экономические интересы, весьма противоречивые и далеко не во всем завязанные на Россию[6]. Безусловно, дестабилизация ситуации на Украине несет в себе геополитические, культурные и экономические угрозы для нормального функционирования России и Евразийского Экономического Союза в целом.

В настоящее время для России наступает время, когда необходимо усилить консолидацию сил, расширить военное, политическое, экономическое сотрудничество, суметь преодолеть разногласия в экономической сфере. Необходимо также предпринять меры по снижению уязвимости России и Евразийского экономического союза от экономических санкций США и их союзников, что потребует создания независимых от них инфраструктуры платежно-расчетных отношений, форм резервирования активов, способов поддержания международной кооперации производства[7].

Для Союзного государства необходима разработка комплексной стратегии предотвращения войны .Чтобы ее предотвратить, нужно успеть в короткие сроки создать антивоенную коалицию, а также в ближайшие два-три года развернуть структурную перестройку экономики на основе нового технологического уклада и вооружить армию передовой военной техникой, включая беспилотники, боевые роботы, средства ночного ведения боя, защищенные средства связи и системы управления. Становление нового технологического уклада открывает новые возможности разработки и применения высокоточного биологического оружия, информационных и когнитивных технологий, которые

---

[6] С.Глазьев, С.Батчиков, А.Кобяков.Встать в полный рост.Доклад Изборскому клубу, посвященный экономическим аспектам начинающейся «новой холодной войны». 23.11.2014 - [Электронный ресурс] – Режим доступа:http://dynacon.ru/content/articles/4273/

[7] Айвазов.А. Периодическая система мирового капиталистического развития.2012. - [Электронный ресурс] – Режим доступа : http://www.warandpeace.ru/ru/exclusive/view/66601/

нужно использовать для укрепления системы национальной безопасности[8].

Особое значение для России и Республики Беларусь в условиях внешнеполитических угроз является создание мощной независимой финансовой базы, уход от всеобъемлющего использования доллара во внешнеэкономической деятельности, переориентация экономики на углубление прочных партнерских отношений со странами БРИКС.

Как пишут в своем докладе В.Овчинский, Е.Ларина " Нельзя не учитывать, что жёсткий конфликт России с правящими элитами Запада происходит в исторически неблагоприятной для нашей страны ситуации. Наш противник обладает многочисленными качественными и количественными преимуществами по многим позициям. В то же время наши потенциальные союзники имеют собственные интересы, которые по различным финансово-экономическим и демографическим причинам интегрируют их в глобальную мирохозяйственную систему «финансизма». В этих условиях для России жизненно необходимо максимальное использование всех внутренних ресурсов, а также бережное отношение к уже сложившимся союзам и осуществление разнообразных мер по их укреплению, что должно подкрепляться поиском новых союзников на Западе и на Востоке, на Юге и на Севере[9].

Именно создание мощной системы партнерства со странами Китай, Индия, Бразилия, Венесуэла позволит Союзному государству приобрести мощную базу поддержки,

---

[8] Айвазов.А. Периодическая система мирового капиталистического развития.2012. - [Электронный ресурс] – Режим доступа : http://www.warandpeace.ru/ru/exclusive/view/66601/

[9] Овчинский В.,Ларина Е."ХОЛОДНАЯ ВОЙНА 2.0".Доклад Изборскому клубу.11.11.2014г.- [Электронный ресурс] – Режим доступа: http://dynacon.ru/content/articles/4224/

укрепит индустриальную базу, создаст систему военных издержек и противовесов. В настоящее время Россия и Беларусь предпринимают активные усилия для создание мощного экономического и политического союза со странами БРИКС. Антивоенная международная коалиция могла бы включать:

— европейские страны, которые втягиваются в войну против России вопреки их национальным интересам;

— страны БРИКС, экономический подъём которых может быть торпедирован организованной США глобальной дестабилизацией;

— Корею, страны Индокитая, которые не заинтересованы в ухудшении отношений с Россией;

— страны Ближнего и Среднего Востока, для которых мировая война будет означать эскалацию собственных региональных конфликтов;

— латиноамериканские страны Боливарианского альянса, для которых раскручивание новой мировой войны означает прямое вторжение США;

— развивающиеся страны «Группы 77», наследницы Движения неприсоединившихся стран, традиционно выступающие против войн, за справедливый миропорядок.

В качестве побудительной причины создания такой коалиции следует выдвинуть общие для всех её участников угрозы разворачивания США глобальной хаотической войны. Важным условием успешного создания такой коалиции, как уже отмечалось выше, является лишение США монополии на идеологическое доминирование путём последовательного разоблачения античеловеческих последствий их интервенций, совершаемых их военнослужащими массовых убийств мирных граждан, разрушительных результатов правления американских ставленников в различных странах. Необходимо разрушить образ американской непогрешимости, вскрывать цинизм и обман со стороны американских руководителей, катастрофические последствия проводимой ими политики двойных стандартов, некомпетентность и невежество американских чиновников и политиков[10]. Таким образом, Россия и союзники по Евразийскому экономическому Союзу в настоящее время могут и должны для упрочения своего положения создать эффективно действующий союз, укрепить свое положение среди существующих союзников и привлечь новых, создать мощную экономическую базу и независимую от доллара финансовую систему. "Не следует также упрощать решение оптимизационной задачи – далеко не все удачные национальные механизмы развития могут быть легко распространены на все единое экономическое пространство. К примеру, реализуемые в Белоруссии меры наращивания производства и экспорта машиностроения, продовольствия и других товаров конечного потребления требуют высокого уровня ответственности и компетентности должностных лиц, который несовместим с коррупцией и клиентелой, глубоко пронизавшей другие национальные системы госуправления. Их применение в рамках ЕЭП потребует слишком глубокого изменения последних, для которого требуется соответствующая политическая воля и кадровая политика"[11]. Главное сейчас для российско-белорусских отношений в рамках Евразийского Союза-суметь решить проблемы непонимания в экономических отношениях в условиях применения санкций, укрепить научную основу содружества. Лукашенко уверенно заявил о том, что Белоруссия никогда не бросала Россию: "Нам надо устранять всякие барьеры. Друзей

---

[10] Айвазов.А. Периодическая система мирового капиталистического развития.2012. - [Электронный ресурс] – Режим доступа : http://www.warandpeace.ru/ru/exclusive/view/66601/

[11] "Перспективы Единого экономического пространства и Евразийского Союза".Изборский клуб. 29.01.2014-[Электронный ресурс] – Режим доступа

у нас в мире вы знаете сколько. И вы знаете, какая позиция у других государств. Поэтому давайте не терять плечо друг друга. Не надо думать, что Беларусь поменьше, чем Россия, и она ни на что не способна. Мы очень даже многое можем. И мы никогда не бросали Россию. Не бросим и в нынешней ситуации. Мы на этом свою пользу искать не намерены. Это наша Россия, и мы ее будем защищать, как свою территорию"[12].

Как считает С.Глазьев "Чтобы стать центром евразийской экономической интеграции и лидером антивоенной коалиции в условиях конфронтации с США, Россия должна добиться социальной стабильности и достойного качества жизни населения, высокого научно-технического, интеллектуального и культурного уровня общества, что невозможно без модернизации и опережающего развития экономики."[13]

Что касается отношений России, Беларуси с государствами Евразийского Союза, то "актуализируется задача по формированию безопасного, устойчивого и полицентричного миропорядка, предполагающего, что государства должны не противостоять друг другу, а взаимодействовать. "Организация Договора о коллективной безопасности уже вносит весомый вклад в поддержание безопасности - как в региональном, так и глобальном масштабах. Наши государства сообща и вполне успешно укрепляют свою обороноспособность, вместе противостоят таким угрозам, как международный терроризм, наркобизнес, организованная преступность и торговля людьми.

---

[12] "Перспективы Единого экономического пространства и Евразийского Союза".Изборский клуб. 29.01.2014-[Электронный ресурс] – Режим доступа

[13] Айвазов.А. Периодическая система мирового капиталистического развития.2012. - [Электронный ресурс] – Режим доступа : http://www.warandpeace.ru/ru/exclusive/view/66601/

Важно, что коллективная безопасность стран ОДКБ опирается на евразийскую экономическую интеграцию. Почти все члены ОДКБ или уже участвуют, или планируют участвовать в Евразийском экономическом союзе. "Если в рамках ОДКБ решаются политические и правоохранительные задачи, то новый экономический союз, который заработает с 1 января 2015 года, позволит государствам-участникам эффективнее преодолевать кризисные явления в экономике, поможет совместно реагировать на нынешние попытки западных партнеров подменять честную конкуренцию неоправданными и противоправными санкциями. Тем самым форматы ОДКБ и Евразийского экономического союза органично дополняют и усиливают друг друга. Парламентская ОДКБ должна учитывать в своей работе такое "умножение потенциалов". Более того, новые реалии дают возможности для значительной активизации парламентского сотрудничества в рамках содружества[14].

С учетом вышесказанного в настоящее время в России в условиях режима санкции особенно актуальной является проблема реализации программы импортозамещения. Причем реализовать эту программу крайне трудно без структурной перестройки экономики. Следует отметить, что за последний период в условиях высоких цен на нефть в стране не было создано эффективно работающей модели экономики, которая бы действовала в условиях нового технологического уклада и модернизации. При этом в стране было достаточно нефтедолларов, но это не способствовало повышению эффективности производства, переоснащению промышленного производства, вводу в строй новых промышленных предприятий. Причины следует искать в том, что в стране действуют финансово-олигархические группы, не

---

[14] Петров.В."Ответит на хаос.Сергей Нарышкин выступил за укрепление ОДКБ".//Российская газета . 27.11.2014 г.-[Электронный ресурс] – Режим доступа: http://www.rg.ru/gazeta/rg/2014/11/28.html

ставящие своей целью экономический рост в России, а преследующие цели личного обогащения и вывоза капитала за рубеж.

Как отмечает академик Сергей Глазьев, России «необходимо, прежде всего, понять, что созданная в России система госуправления неадекватна ни вызовам времени, ни задачам обеспечения безопасности страны, ни национальным интересам. Она, во-первых, автоматически ставит экономику страны в зависимое положение от транснационального капитала. Во-вторых, она лишает ее внутренних источников финансирования развития. В-третьих, она делает ее сырьевым придатком передовых стран, блокируя возможности индустриализации и инновационного развития. Наконец, в-четвертых, она просто архаична и неконкурентоспособна по отношению к формирующейся в Азии новой системе производственных отношений.

Китайское экономическое чудо впечатляет. За три десятилетия реформ, инициированных Дэн Сяопином, КНР из глубокой периферии мировой экономики неожиданно для всех шагнула в число лидеров, выйдя в 2014 г. на первое место в мире по физическому объему ВВП и экспорту высокотехнологичной продукции. За последние три десятилетия объем ВВП вырос в Китае в 30 раз (с 300 млрд. долл. до 9 трлн. долл. по текущему курсу юаня к доллару), промышленного производства — в 40-50 раз, валютные резервы — в несколько сотен раз (с нескольких десятков млрд. долл. до 4 трлн. долл.). По уровню экономического развития, измеряемого показателем ВВП на душу населения, Китай поднялся с места в конце списка беднейших стран до места в первой тридцатке стран (среднего достатка)»[15].

---

[15] С.Глазьев, С.Батчиков, А.Кобяков.Встать в полный рост.Доклад Изборскому клубу, посвященный экономическим аспектам начинающейся «новой холодной войны». 23.11.2014 - [Электронный ресурс] – Режим доступа:http://dynacon.ru/content/articles/4273/

Таким образом, именно китайский опыт может помочь развитию экономики в России. Особенно это актуально при введенном режиме санкций, ведь Китай совершил свой экономический рывок именно тогда, когда против него тоже ввели режим санкций. В настоящее время в России объявлены приоритеты в экономическом развитии. Прежде всего, это реализация программы импортозамещения. Однако реализация данной программы встречает на своем пути много трудностей. Годы баснословных по объемам нефтедолларов развратили российскую экономику, приучив ее не вкладывать деньги в долгосрочные наукоемкие технологии, будь то сфера ВПК или продовольственная безопасность, хотя любому студенту мало-мальски приличного ВУЗа хорошо известно — без НИОКР у государства нет будущего. Вернее, оно есть, но исключительно безрадостное, основанное на принципах существования пресловутой банановой республики. С точки зрения прикладной экономики безразлично, что ты продаешь, ничего при этом не производя, — нефть, газ или бананы. Итог одинаков — неминуемый коллапс, дело лишь во времени.

Подобная парадигма развития, абсолютно антинаучная, кстати, привела страну к тому, к чему и должна была рано или поздно привести — к системному экономическому кризису, который, увы, нарастает. Достаточно было более развитой части мирового сообщества прекратить поставлять в Россию продукцию извне. По мнению большинства экспертов, прожить без западной продукции России будет непросто, поскольку страна, по их словам, прочно «сидит на зарубежной игле»[16]. Сейчас главное - разработать эффективный комплекс мер по поддержке отечественного товаропроизводителя, обозначить приоритетные отрасли, и, самое главное, обеспечить производителям доступные кредитные ресурсы.

---

[16] Журнал «Новая экономика» №2(октябрь 2014 г.) Байнев В.Ф.,Винник В.Ф «Интеграционная стратегия развития промышленного комплекса стран Таможенного союза и Единого экономического пространства».

Сегодня в условиях масштабных экономических санкций со стороны стран Запада задача активизации процессов импортозамещения в России становится все более актуальной. По словам премьер-министра РФ Дмитрия Медведева, «страна слишком подсела на импортную иголку», что негативно сказывается на развитии российской экономики. Одним из методов ее оздоровления является развитие и укрепление внутреннего производства. Особая роль в данной программе принадлежит банкам, так как именно недорогие кредитные ресурсы позволят оснастить и переоснастить производство, дать мощный импульс сельскому хозяйству, легкой промышленности, внедрению новых технологий.

1.2 Политика импортозамещения в рамках функционирования союзного государства.

В настоящее время сотрудничество России и Республики Беларусь основывается на прочном фундаменте экономической и политической, а также культурной общности. В условиях сложнейшей геополитической ситуации, сложившейся по причине мощного политического и экономического противостояния западного блока и России ,особенно важно беречь и развивать союз России и Республики Беларусь как гаранта мира и стабильности на постсоветском пространстве. Союзное государство становится мощнейшей опорой евразийской интеграции. В условиях режима санкции представляется целесообразным расширить сотрудничество и определить новые приоритеты. Как пояснил В.В.Путин на заседании Высшего Госсовета Союзного государства, «Одним из приоритетов остаётся наращивание взаимной инвестиционной активности. Договорились насыщать наше взаимодействие новыми проектами в энергетике, автомобилестроении, электронной промышленности. Продолжим оказывать поддержку на государственном уровне программам в высокотехнологичной сфере. В утверждённом сегодня бюджете Союзного государства на 2015 год почти половина средств направлена именно на эти цели»[17]. Следует отметить, что в Республики Беларусь сохранилась мощная научная база и система подготовки высококвалифицированных кадров в области инженерных наук, потребность в которых многократно возрастает в связи с потребностью в создании экономики нового типа, ориентированной на рост высоких технологий и применение инновации, способных вывести промышленность России и Республики Беларусь на новый уровень. Все возможности сотрудничества в рамках Союзного государства следует использовать в настоящее время. Режим санкции против России, безусловно, при вел к росту цен и проблемам в ряде отраслей экономики. Но, с другой стороны, именно режим санкций, как это было в Китае, способствует концентрации умов и ресурсов, и может сподвигнуть нашу страну совершить прорыв в обновлении и модернизации промышленности и проведении эффективной политики импортозамещения.

В современных условиях приоритетная для России политика импортозамещения должно развиваться в рамках Союзного государства., что приведет к независимости союза от некоторых стран – экспортеров. Сложная экономическая ситуация в которой функционирует Союзное государство и ЕАС, требует от стран-участников разработки совместной эффективной стратегии. Это сотрудничество приведет к максимальной изоляции ЕАЭС от мировых финансовых кризисов. Отказ от использования иных валют в операциях внутри союза укрепит национальные валюты. Также в основу этой стратегии необходимо положить политику импортозамещения.

---

[17] Интернет -источник. Сайт Союзного государства.03.03.2015 "Из этой сложной ситуации мы будем выходить вместе, как и положено братским народам" http://www.postkomsg.com/

Производство на территории союза продукции избавляет от необходимости экспорта из Европы и иных стран-экспортеров.

Большинство импортируемых в Казахстан, Белоруссию, Армению и Россию товаров может производиться на этих территориях. В отдельно взятой стране это внедрить трудно, так как придется слишком много видоизменить. Но формат Союзного государства может послужить хорошей основой для начала новой экономики.

Суть импортозамещения состоит в создании аналогов импортируемой продукции. Однако, в этой политике есть ряд проблем решаемых только при условии исполнения эффективной стратегии. Основные проблемы это: проблемы финансирования подготовки производства, недостатки таможенного регулирования, дефицит подготовленных промышленных площадок с инфраструктурой, дороговизна сырья, используемого в производстве импортозамещающей продукции. Именно в содружестве России и Беларуси основа для проведения мощнейших преобразований в ведущих отраслях промышленности.

В России организовано много видов конечной сборки изделий, но детали импортируются извне. Даже в оборонной промышленности доля импорта деталей составляет 7-12%. Необходимо развернуть альтернативное производство наиболее перспективными, из которых будут являться станкостроение, производство специальных материалов, строительные материалы (вплоть до шурупов, красок, фурнитуры и инструментов).

Также необходимо способствовать развитию предпринимательства, вводить налоговые льготы, проводить политику пониженных процентных ставок на кредиты, создавать государственные программы в поддержку предприятий, работающих на импортозамещение.

Экономическое состояние России зависит от союза с Белоруссией, Украиной и Казахстаном. Как пишут в статье «Интеграционная стратегия развития промышленного комплекса стран Таможенного союза и Единого экономического пространства» ученые-экономисты Байнев В.Ф., Винник В.Т, в настоящее время « растет осознание того, что особое значение принцип взаимного дополнения играет именно в сфере промышленных технологий, уровень развития которых сегодня однозначно определяет место той или иной страны в иерархии технологически развитых держав. Впервые были четко выделены приоритетные сектора экономик наших стран и их промышленной интеграции, разграничены полномочия на уровне национальной, скоординированной (совместной) и унифицированной(наднациональной) промышленной политики ЕЭП, обозначена необходимость индикативного прогнозирования развития промышленного комплекса Беларуси, Казахстана и России»[18]. После реализации идеи Таможенного союза, наши государства станут огромным объединением с населением более двухсот десяти миллионов человек. Этот союз будет иметь свои выходы на все мировые рынки, контактируя с США, Китаем, арабскими странами, объединенной Европой. Таким образом, крайне выгодно сложить наши потенциалы и быть конкурентноспособными. У нас гигантские ресурсы и хорошо подготовленные кадры. Россия и Республика Беларусь будут работать над концепциями общих рынков электроэнергии, газа, нефти и нефтепродуктов.

Все шаги Союзного государства в рамках евразийской интеграции, направлены в первую очередь на создание единого гармоничного рынка товаров и услуг с равными условиями для всех стран-участниц и, как следствие,

---

[18] Журнал «Новая экономика» №2(октябрь 2014 г.) Байнев В.Ф.,Винник В.Ф «Интеграционная стратегия развития промышленного комплекса стран Таможенного союза и Единого экономического пространства».

подтверждение статуса ЕАЭС в качестве единого регионального интеграционного образования. Следует отметить,что процесс интеграции в настоящее время позволит выйти нашим государствам на новый уровень экономического и политического развития.

1.3. Концепция региональной инвестиционной политики в условиях внедрения политики импортозамещения

Усиление инвестиционной активности в реальном секторе экономики имеет принципиальное значение для обновления основного капитала в промышленности, энергетике, на транспорте, сельском хозяйстве и других базовых отраслях национальной экономики.

У 2015 году российская экономика подошла в очень тяжелом состоянии, что обусловлено как санкциями и ценами на нефть, так и структурным кризисом.

Ключевыми направлениями действий Правительства Российской Федерации в соответствии с распоряжением правительства от 27 января 2015 года № 98-р являются:

- содействие развитию малого и среднего предпринимательства;
- создание возможностей для привлечения инвестиционных ресурсов с приемлемой стоимостью в наиболее значимых секторах экономики;
- оптимизацию бюджетных расходов, концентрации ресурсов на приоритетных направлениях развития;
- создание необходимых условий для опережающего роста частных инвестиций в структуре валового внутреннего продукта (далее- ВВП);
- применение всех созданных инструментов промышленной политики (проектное финансирование, гарантии, фонд поддержки промышленности, индустриальные

парки, государственные закупки, государственно-частное партнерство);

• повышение качества системы государственного управления и эффективности работы крупных компаний.

Экономические методы воздействия государства на инвестиционную деятельность подходят в большей степени, чем административные, которые используются в случае, если экономические методы неприемлемы или неэффективны при решении той или иной задачи. Экономические рычаги, которые использует государство для регулирования экономики, в том числе и инвестиционных процессов, довольно разнообразны. Основными из них являются: налоги, прямое участие государства в инвестиционной деятельности, создание свободных экономических зон, перераспределение доходов и ресурсов, ценообразование, создание благоприятных условий для привлечения иностранных инвестиций, кредитно-финансовые механизмы.

Методы активного вмешательства государства в инвестиционных процессах:

1. Создание благоприятных условий для деятельности частных предпринимателей. В первую очередь речь идет о формировании благоприятной инвестиционной среды, а также о проведении выгодной для инвесторов налоговой и амортизационной политики, защищающей внутренних и внешних инвесторов, льготным налогообложением корпораций (организаций) приоритетных отраслей экономики;

2. Прямое участие государства в эффективных и значимых для страны проектах;

3. Участие государства в создании инфраструктурных объектов как основы эффективного частного предпринимательства.

Сложившиеся к настоящему времени формы и методы государственного регулирования финансирования деятельности инвесторов сводятся к четырем уровням:

1) органов государственной власти РФ;

2) органов государственной власти субъектов РФ;
3) органов муниципального (местного) самоуправления;
4) корпораций (организаций).

Актуальность региональной инвестиционной политики вытекает из необходимости интенсивного развития экономики страны и регионов, увеличения темпов роста ВВП . Для активизации инвестиционных вложений необходимо существенно улучшить инвестиционных климат в регионах России, повысить инвестиционную привлекательность, снизить инвестиционные риски. С целью создания нормальных условий для инвестиционной деятельности государство должно проводить соответствующую фискальную, инвестиционную, научно-техническую, амортизационную и другие виды политики.

На общероссийском фоне позитивных изменений инвестиционного развития наблюдаются проблемные ситуации в отдельных регионах страны. В 2014 году из общего объема инвестиций в региональную экономику свыше 20% было направлено в Москву, Санкт-Петербург и Московскую область. Свыше 16% - в Тюменскую область, Ханты-Мансийский и Ямало-Ненецкий автономные округа, и около 17% во вместе взятые Сибирский и Дальневосточный федеральные округа.

Повышенная роль направленности федеральных инвестиций в Московский регион объясняется более эффективной с точки зрения получения отдачи от капиталовложений. Из-за высокого значения федеральных инвестиций в российскую столицу и большого объема капиталовложений в нее, доля федерального бюджета как источника капиталовложений в Центральном экономическом районе также достаточно высока — 21%. Для других крупных экономических районов — ближе к среднему по стране уровню.

Особенность распределения инвестиций из федерального бюджета по регионам состоит в устойчиво высоких объемах инвестиций, направляемых в наиболее индустриально развитые регионы, прежде всего, сырьевой направленности. Так, в список регионов-лидеров традиционно попадают Тюменская, Свердловская, Ростовская, Кемеровская области. Последняя, попадает в этот список как главный угледобывающий регион страны. Угледобыча, как известно, является одной из наиболее фондоемких отраслей промышленности.

В особую группу с относительно большими объемами инвестиций из федерального бюджета выделяется ряд регионов, даже в условиях спада промышленного производства фактически продолжающих оставаться районами нового экономического освоения. К ним помимо Тюменской обл. с округами можно отнести Республику Коми, Амурскую и Читинскую области. При этом крайне высокие абсолютные показатели, как правило, при средней или даже низкой численности населения обеспечивают этим регионам и большие среднедушевые показатели. Повышенные среднедушевые показатели отмечаются и в регионах зоны Крайнего Севера, обладающих низкой численностью населения, прежде всего, в автономных округах, которые не выделяются большими абсолютными значениями.

Ряд густонаселенных регионов России, из-за необходимости решения на федеральном уровне геополитических задач, также выделяется высокими значениями федеральных инвестиций, причем не только в абсолютных показателях, но и на душу населения.

С другой стороны, любые характеристики распределения инвестиций в основной капитал из федерального бюджета свидетельствуют о фактическом недофинансировании большинства «русских» областей Европейской части страны, а также трех республик Волго-Вятского экономического района (Республик Марий-Эл, Мордовии и Чувашии). За последние годы самые низкие душевые показатели распределения инвестиций среди крупных экономических районов традиционно были у Волго-Вятского, Поволжского и Центрально-Черноземного районов.

Стоит выделить еще две группы регионов. В первую входят республики, наиболее активно отстаивающие идею собственного суверенитета и полагающиеся на внутренний достаточно мощный экономический потенциал (Татарстан и Башкирия). Вторую группу составляют наиболее слаборазвитые регионы, которые не имеют крупных инвестиционных проектов (Агинский-Бурятский, Коми-Пермяцкий и Усть-Ордынский авт. округа).

Таким образом, география распределения инвестиций в основной капитал из федерального бюджета в последние годы свидетельствует о фактическом продолжении экстенсивного развития страны за счет районов нового освоения и приграничных территорий. В целом приоритетным остается и направление федеральных средств в многонациональные субъекты федерации (республики, автономные округа). Крайне активно «поглощает» федеральные инвестиции российская столица.

В то же время традиционно развитые регионы, прежде всего, Европейской части страны, остаются «недофинансированными». Безусловно, в настоящее время при катастрофическом спаде производства «нагрузка» на основные фонды снижается. Однако нельзя забывать, что возрастание физического и морального износа оборудования при отсутствии новых инвестиций может привести лишь к усугублению спада производства.

Между тем по прогнозам Минэкономики России, на период до 2016 г. во всех крупных экономических районах страны прогнозируется продолжение спада инвестиционной активности при уменьшении удельного веса средств федерального бюджета в общем объеме инвестиций. Основным источником финансирования капиталовложений останутся средства предприятий. Рост инвестиций ожидается только по восьми субъектам Федерации: Нижегородской, Новгородской, Сахалинской, Тульской и Оренбургской областям, Республике Марий-Эл, Москве и Санкт-Петербургу. Наибольший спад прогнозируется в регионах Азиатской части страны, где значительное сокращение средств из федерального бюджета не будет компенсироваться за счет других источников финансирования.

Важным направлением региональной инвестиционной политики является создание свободных экономических зон и технополисов в регионах, имеющих высокий интеллектуальный потенциал и хорошее инфраструктурное обустройство.

По функциональному направлению это могут быть зоны свободной торговли (свободные порты – Находка, Калининград), оффшорные, рекреационные, сервисные и другие зоны. Особое внимание следует уделить формированию технополисов (Королёв, Дубна, Саров, Снежинск и др.), технопарков (Зеленоград), академгородков (Новосибирск, Иркутск) и др.

Наряду с определением приоритетных территорий для отечественных и иностранных инвесторов необходимо выявить приоритетные сферы в конкретных регионах страны. При этом следует учитывать функциональный профиль регионов и проце5ссы модернизации региональной экономики. В российском пространстве функционируют полиструктурные регионы, специализирующиеся на производстве продукции машиностроительного, топливно-энергетического, металлургического, нефтегазохимического, лесопромышленного, агропромышленного, морепромышленного и других межотраслевых комплексов. Для каждого из этих регионов приоритетными являются производства специализации, поставляющие конкурентоспособную продукцию на мировой и общероссийский рынки и пополняющие доходную часть местных и региональных бюджетов. При этом учитываются уровень развития региона и процессы реформирования региональной экономики. На территории России функционируют урбанизационные и руральные, развивающиеся и стагнирующие, депрессивные и слаборазвитые регионы. Каждый из них имеет индивидуальные приоритеты, обусловленные местной спецификой.

В то же время для всех регионов характерны следующие приоритеты, обусловленные стратегическим направлением развития страны в целом. В современных условиях главными направлениями инвестирования являются строительная индустрия, жилищно-коммунальное хозяйство, производственная, социальная, рекреакционная и экологическая инфраструктуры, конверсия предприятий военно-промышленного комплекса.

В основу определения приоритетов должны быть заложены принципы важности тех или иных сфер для повышения уровня и качества жизни населения, устойчивого и сбалансированного развития региональной экономики.

1.4. Сущность импортозамещения как экономического процесса

До настоящего времени имеется ряд определений самого понятия импортозамещения. В частности, импортозамещение определяется как «…тип экономических отношений и промышленной политики государства, направленных на замену импорта промышленных товаров, пользующихся спросом на внутреннем рынке, товарами национального производства». Причем, применение подобной стратегии характерно для непродолжительного импортозамещающего этапа индустриализации. Другие определения импортозамещения характеризуют его как «уменьшение или прекращение импорта определенного товара посредством производства, выпуска в стране таких же, или аналогичных товаров».

В статье А. Н. Макарова можно найти трактовку импортозамещения с позиций потребностей региональной экономики «… под импортозамещением традиционно понимается рассчитанная на перспктиву сисема мер, обеспечивающая достижение намеченных регионом целей по объемам и структуре производства отечественной продукции при одновременном снижении потребления импортных товаров. В условиях проведения политики импортозамещения доминирует концентрация собственных усилий и ресурсов на формирование конкурентоспособного рыночного хозяйства»[19].

Одной из наиболее соответствующих предмету исследования представляется формулировка, приведенная в статье Евгении Лукьянчук: «Импортозамещение представляет собой процесс сокращения или прекращения импорта определенных товаров путем их замещения на внутреннем рынке страны аналогичными отечественными, адекватными или обладающими более высокими потребительскими свойствами и стоимостью не выше импортных»[20].

---

[19] Макаров А.Н. Импортозамещение как инструмент индустриализации экономики региона: инновационный аспект /А.Н. Макаров //Инновации всерос. науч.-практ. Журнал.- СПб.-2011.-№5.

[20] Е. Лукьянчук Импортозамещение: зарубежный опыт «ЕженеледьникАПТЕКА» №15 – 2011.

Импортозамещение необходимо также рассматривать как важный экономический процесс характерный для импортозамещающего этапа развития и модернизации ряда отраслей национальной экономики, с учетом их конкурентных и географических характеристик, как основной инструмент реализации государственной стратегии отечественной промышленности в условиях членства в ВТО.

Целесообразность реализации импортозамещающей политик является одним из дискуссионных вопросов, обсуждаемым представителями экономической науки и практиками. В современной экономической литературе реализация стратегий импортозамещения часто описывается в контексте осуществления политики догоняющего развития, реализуемой странами «третьего мира», основанной на протекционизме и противоречащей принципу свободного рынка и конкуренции, а следовательно, ведущему к стагнации и отсутствию стимулов для производства качественных товаров. Вместе с тем, в ряде случаев только выработка и реализация стратегической политики, ориентированной на замену импортных товаров конкурентоспособными по качеству и цене национальными продуктами, может обеспечить развитие национальных отраслей промышленности, особенно в сферах производства высокотехнологичной инновационной продукции.

Проблема импортозамещения не является новой для современной России: она находит отражение в ряде положений, содержащихся в 7 указах Президента РФ и около 200 федеральных законов, которые регулируют вопросы национальной безопасности.

В настоящее время эта проблема особо возросла в результате напора западных, в особенности американских, транснациональных корпораций к захвату новых рынков, причем посредством недобросовестной конкуренции.

Свидетельством этого стали так называемые санкции против России. Сейчас импортозамещение для России – это не только эффективное средство против попыток со стороны запада значительно ослабить экономику страны, но и реальный шанс для страны справиться со стагнацией отечественной промышленности и выйти на приемлемые темпы роста ВВП, которые находятся в районе 5% в год. Пока ситуация следующая: на конец 2014 года темп роста ВВП составил 0,4 % а на сегодняшний день отмечается спад до -1,9[21].

Изменения в национальной экономике требуют, чтобы замещение импорта стало важнейшим элементом экономической политики, а также инструментом для достижения положительного сальдо внешней торговли. Это позволит сократить импорт, что сохранит в стране значительный объем валютных средств, удешевить товары внутреннего потребления, поддержать нашего производителя, создать новые рабочие места способствовать совершенствованию отечественного инженерного образования. Главной задачей является повысить инвестиционную привлекательность российской промышленности, совершенствование и реализация инженерного потенциала страны, в целях осуществления высокотехнологичного машиностроения. Данная политика не исключает взаимодействия с иностранными производителями, но призвана защитить национальную экономику.

Эксперты также отмечают, что анализ совмещения действующей политики импортозамещения и экспортной ориентации показывает отсутствие эффекта от одновременного сочетания этих политик при сохранении сырьевого наполнения экспорта. То есть, учитывая настоящие условия необходимо выбрать для реализации только одну. К сожалению, на данный момент единственным стимулом для <u>отечественных разработчиков</u> является конкурс на НИОКР, при

---

[21] [Электронный ресурс]. – Электрон. дан. URL: http://ru.tradingeconomics.com/

этом нет никаких гарантий, что результаты их работы выйдут на рынок. Этот факт мешает отнести субсидирование разработок к мере импортозамещения

Таким образом, целями импортозамещения в России являются:

1. Обеспечение национальной и государственной безопасности страны.

2. Достижение технологической независимости в приоритетных областях.

3. Содействие формированию положительного сальдо торгового баланса.

Реализация политики импортозамещения способствует экономическому росту и ведет к повышению конкурентоспособности российской экономики на внешних рынках при снижении роли ресурсодобывающих отраслей и ослаблении зависимости от поставок импортных товаров народного потребления. Активизация процессов импортозамещения в стране способна в ближайшие 5-7 лет обеспечить более 10-15% роста промышленного производства.

Экономическое развитие будет зависеть от объема задействованных «спящих» ресурсов страны. На деле должны быть выполнены следующие задачи: выпуск качественной конкурентоспособной продукции, снижение импорто-ёмкости производства и объемов некритического импорта. Конечно, полностью отказаться от импортной продукции невозможно, да и заместить весь импорт - идея утопичная, особенно в условия вхождения России в ВТО. Программа импортозамещения, призванная повысить экономический рост, как страны в целом, так и отдельных регионов, обязана иметь научное обоснование. Реализовываться эта программа должна по трем направлениям. Первое должно охватывать импортные товары, аналоги которых производятся в России, но в недостаточном количестве. Задачей в этом направлении является модернизация действующих производств таким образом, чтобы увеличить выпуск потребной продукции.

Второе направление охватывает импортные товары, которые не производятся, но выпуск которых возможно и необходимо освоить в сжатые сроки. Соответственно, на этом уровне целесообразна постановка задач создания новых современных конкурентоспособных, хотя бы на внутреннем рынке, производств.

И третье направление - изделия и товары, не производимые в РФ, так как их импортозамещение экономически невыгодно или невозможно в силу объективных причин. Такие товары необходимо относить к так называемому критическому импорту, и главная задача на этом направлении — сократить потребление такой группы товаров, изучить и применять возможности непрямого замещения.

Торгово-промышленная палата РФ, проанализировав потенциал и целесообразность импортозамещения, определила основные подходы в данной политике. В первую очередь, целью программы является перенос максимального количества производств продукции, потребляемой на внутреннем рынке, в страну – потребитель. Следующий подход заключается в создании условий для развития производства, аналогичного импортному, сравнимого по затратам на основные виды ресурсов с учетом транспортных расходов. Также, в течение периода проведения государственной политики по импортозамещению могут временно создаваться условия для защиты рынка с целью привлечения инвесторов в отрасль.

Главным критерием устойчивого развития экономики является её сбалансированность по экспорту, импорту и внутреннему производству и потреблению. Если доля импорта, какого-либо стратегически или социально важного товара в необходимом внутреннем потреблении превышает 20-

25%, то возникает угроза для национальной и экономической безопасности (например, продовольственной или оборонной). Это же касается и перекоса в сторону чрезмерного развития экспорта. В случае глубокого мирового финансово-экономического кризиса, различного рода форс-мажорных обстоятельств, более устойчивой является сбалансированная экономика, где как экспорт, так и импорт стратегически важной продукции не превышают четверти от национального производства.

1.5. Нормативно-правовая база политики импортозамещения.

Нормативно – правовой базой импортозамещения является большое количество распоряжений и постановлений регионального характера, так как имеет место быть различная специфика и ситуация в регионах. Однако существует «головной» документ: постановление Правительства РФ от 15 апреля 2014 г. N 328 «Об утверждении государственной программы РФ "Развитие промышленности и повышение ее конкурентоспособности"».

Эта программа состоит из подпрограмм: "Автомобильная промышленность, "Сельскохозяйственное машиностроение, машиностроение для пищевой и перерабатывающей промышленности", "Машиностроение специализированных производств (строительно-дорожная и коммунальная техника, пожарная, аэродромная, лесная техника)", "Легкая промышленность и народные художественные промыслы", "Ускоренное развитие оборонно-промышленного комплекса", "Транспортное машиностроение","Станкоинструментальная промышленность", "Тяжелое машиностроение","Силовая электротехника и энергетическое машиностроение", "Металлургия","Лесопромышленный комплекс","Развитие системы технического регулирования, стандартизации и обеспечение единства измерений","Химический комплекс",

"Развитие производства композиционных материалов (композитов) и изделий из них", "Развитие промышленности редких и редкоземельных металлов", "Современные средства индивидуальной защиты и системы жизнеобеспечения подземного персонала угольных шахт", "Обеспечение реализации государственной программы", "Промышленные биотехнологии", "Развитие инжиниринговой деятельности и промышленного дизайна", "Индустриальные парки", "Индустрия детских товаров".

Целью программы является создание в РФ конкурентоспособной, устойчивой, структурно-сбалансированной промышленности, способной к эффективному саморазвитию на основе интеграции в мировую технологическую среду, разработки и применения передовых промышленных технологий, нацеленной на формирование и освоение новых рынков инновационной продукции, эффективно решающей задачи обеспечения экономического развития и обороноспособности страны.

Для создания новых отраслей и рынков в рамках реализации данной программы основными являются следующие задачи: опережающее создание инновационной инфраструктуры для развития новых отраслей; снятие регуляторных барьеров и формирование паритетных условий для вывода на рынок инновационной продукции.

Для развития отраслей промышленности, ориентированных на потребительский рынок, необходимо решить следующие основные задачи: стимулирование увеличения доли внебюджетных источников финансирования; поэтапное сокращение объемов прямого государственного финансирования отраслей промышленности; фокусировка инструментов государственной поддержки на стимулировании спроса.

Поддержка отраслей промышленности, ориентированных на инвестиционный спрос, требует решения следующих основных задач: обновление технологической базы соответствующих отраслей промышленности; стимулирование научных исследований и разработок, направленных на создание новых технологий и материалов; обеспечение для российских компаний равных условий конкуренции на российском и мировом рынках; стимулирование экспорта продукции с высокой добавленной стоимостью с учетом ограничений, предусмотренных правилами Всемирной торговой организации; развитие конкуренции, в том числе через поэтапное сокращение доли государства в капитале компаний; координация программ технологического развития отраслей промышленности с тенденциями спроса на технологическую продукцию в потребляющих отраслях энергетического и сырьевого сектора экономики.

Основной задачей развития оборонно-промышленного комплекса является повышение эффективности использования производственного потенциала оборонно-промышленного комплекса для обеспечения разработки и производства новых видов вооружения и военной техники.

В сферах технического регулирования, стандартизации и обеспечения единства измерений требуется: создание в Российской Федерации эффективной системы технического регулирования; совершенствование национальной системы стандартизации, гармонизация национальных стандартов Российской Федерации с международными стандартами; обеспечение единства измерений в интересах повышения качества жизни населения и конкурентоспособности экономики; недопущение научного и технологического отставания России от признаваемого мирового уровня точности измерений, сохранение метрологического суверенитета России

Сроки реализации программы: 2012 - 2020 годы, в том числе: первый этап - 2012 - 2015 годы; второй этап - 2016 - 2020 годы. Общий объем финансирования за счет федерального бюджета составляет 1060159151,4 тыс. рублей, в том числе: на 2012 год - 55712641,7 тыс. рублей; на 2013 год - 50697974,4 тыс. рублей; на 2014 год - 152964360,2 тыс. рублей; на 2015 год - 154405833,6 тыс. рублей; на 2016 год - 158251741,5 тыс. рублей; на 2017 год - 121714200 тыс. рублей; на 2018 год - 120971100 тыс. рублей; на 2019 год - 121083600 тыс. рублей; на 2020 год - 124357700 тыс. рублей.

Ожидаемые результаты реализации Программы-результатами реализации Программы для отраслей, ориентированных на создание новых видов инновационной продукции (композиты, редкие и редкоземельные материалы), будут: создание полноценной инфраструктуры, включая пилотные, опытно-промышленные, промышленные предприятия, инжиниринговые компании и центры отработки технологий применения инновационных продуктов и технологий; обеспечение локализации в Российской Федерации инновационных производств и исследовательских центров ведущих международных технологических корпораций; формирование эффективной системы поддержки спроса; создание новых высококвалифицированных рабочих мест.

Результатами реализации Программы для отраслей, ориентированных на потребительский рынок (прежде всего автомобилестроение), будут: повышение конкурентоспособности промышленных предприятий; расширение ассортимента и значительный рост объемов выпускаемой продукции; значительный рост инвестиций в расширение производственных мощностей; совершенствование системы регулирования рынков; формирование спроса на квалифицированную рабочую силу в производственном секторе и непроизводственной экосистеме.

Результатами реализации Программы для отраслей, ориентированных на инвестиционный спрос (машиностроение, станкоинструментальная промышленность и др.), будут: проведение модернизации технологической базы; значительный приток внебюджетных инвестиций в обновление основных фондов и увеличение производственных мощностей; формирование потенциала для развития на мировых рынках за счет повышения производственной эффективности и энергоэффективности; обеспечение роста производительности труда за счет использования передовых технологий и современного оборудования.

Результатами реализации Программы в сфере технического регулирования и обеспечения единства измерений будут: завершение разработки технических регламентов и национальных стандартов, что способствует устранению технических барьеров в торговле путем гармонизации национальных стандартов и классификаторов с международными стандартами, а также увеличению количества разработанных, внедренных и запатентованных технологий; достижение гармонизации национальных стандартов с международными к 2015 году на уровне 50 процентов, к 2020 году - 56,5 процента; обеспечение ежегодного обновления фонда национальных стандартов на уровне, соответствующем мировому, на 10 - 12 процентов; повышение экспорта продукции на 5 - 7 процентов вследствие применения современных национальных стандартов и средств измерений; создание необходимых условий для продвижения инновационной российской продукции и технологий на мировые рынки; обеспечение наиболее полного развития потенциала современной российской метрологической инфраструктуры, а также создания эталонов нового поколения.

Реализация Программы в части оборонно-промышленного комплекса обеспечит рост эффективности использования потенциала комплекса и развитие научной и технической базы для производства новых видов вооружения и военной техники. Результатом выполнения Программы в части аналитического обеспечения ее реализации будет создание информационно-аналитического центра, в котором будет формироваться сводная экспертная позиция для всех отраслей промышленности и проводиться работа с конкретными проблемами промышленных предприятий, с которыми они сталкиваются или имеют риск столкнуться при осуществлении внешнеторговой деятельности.

Регулирование некоторых аспектов политики импортозамещения также происходит в рамках документации Таможенного Союза.

1.6. Проблема повышения конкурентоспособности региона в условиях политики импортозамещения

Оценка вероятности успеха обеспечения экономического роста за счет замены ввозимой из-за рубежа продукции локальными субинститутами должна учитывать множество факторов. Это существующий уровень качества, обеспечиваемый внутренними производителями, имеющиеся потенциальные рынки сбыта, сочетание методов защиты внутреннего рынка и поощрения конкуренции и многие другие.

Необходимо отметить, что на сегодняшний день уровень конкурентоспособности как российских предприятий и фирм не отвечает современным требованиям мирового рынка. Ключевыми причинами данной ситуации являются отсутствие эффективного менеджмента, трудности с привлечением инвестиционных ресурсов и недостаточное развитие законодательного и информационного полей, стимулирующих обрабатывающий сектор экономики к повышению качества выпускаемой продукции, обеспечению необходимого технологического уровня производства.

Решение задач повышения жизненного уровня населения региона и роста валового регионального продукта (далее - ВРП) требует качественного изменения управления регионом, которое можно назвать переходом к стратегии устойчивого развития.

Устойчивое социально-экономическое развитие региона характеризуется его возможностью обеспечивать положительную динамику повышения уровня жизни населения, использую в этих целях новые факторы и условия, в том числе сбалансированное воспроизводство социального, природно-ресурсного и экономического потенциала, локализованного на его территории. При этом в рамках проведения региональной политики импортозамещения важнейшим направлением следует считать достижение высокого уровня конкурентоспособности региона. Этот уровень определяется с точки зрения концепции устойчивого развития, как его способности производить конкурентоспособные товары и услуги, пользующиеся спросом на отечественном и международных рынках.

Решение данных задач во многом определяется формированием комплексной стратегии. В каждом регионе при разработке стратегии социально-экономического развития необходимо руководствоваться следующими основными требованиями:

Во-первых, - социальная ориентированность, предусматривающая повышение уровня и качества жизни населения, полного и эффективного использования возможностей и потребностей человека.

Во-вторых – принцип устойчивого развития, основанный на сбалансированности экономических, социальных и экологических приоритетов.

В-третьих – преемственность действующих (разрабатываемых) программных документов: федеральных и региональных целевых программ, локальных отраслевых программ.

Методика формирования комплексной стратегии развития экономики региона предусматривает выбор базовой и частных стратегий. Под комплексной стратегией понимается единая совокупность базисной и частных стратегий развития региона, позволяющих ему восполнить резервы развития и усилить конкурентную позицию на отечественном и мировом рынках посредством совершенствования работы в обозначенных направлениях. Базисная стратегия – ориентир всей деятельности, выбирается и используется в рамках миссии региона. Частные стратегии выбираются в рамках базисной и представляют проблемные направления развития региона.

Особое место в системе стратегического управления территорией с учетом ее конкурентных ресурсов занимает формирование общей (базовой) стратегии. Она определяет направление развития территории в целом, но в свою очередь должна корректироваться в процессе выработки и реализации конкурентной и функциональной стратегий. В современных условиях общая стратегия региона находит свое выражение в различных стратегических документах развития территории, включая №172-ФЗ «О стратегическом планировании в Российской Федерации»[22], концепции, комплексные стратегии

---

[22] Федеральный закон от 28 июня 2014г. № 172-ФЗ «О стратегическом планировании в Российской Федерации».- «Российская газета» от 3 июля 2014г.,№146.

и программы социально-экономического развития, в том числе программа импортозамещения.

Следует отметить, что принятие на уровне Российской Федерации единой стандартизированной методологии при подготовке региональных стратегий способствует повышению эффективности и действенности разрабатываемых стратегий социально-экономического развития федеральных и региональных проектов и программ. В частности, повышение эффективности достигается благодаря использованию единообразных процедур, что способствует значительной координации училий между центром и регионом.

Несмотря на весьма неоднозначное отношение к политике импортозамещения как стимулятору экономического роста региона и в целом национальной экономики, в условиях современной России разумное применение данной стратегии может способствовать развитию самых высокотехнологичных производств с высокой добавленной стоимостью. Необходимо, чтобы импортозамещение не только способствовало насыщению внутреннего рынка, но и провоцировало развитие выпуска товаров и услуг, конкурентоспособных на мировом рынке, обладающих экспортным потенциалом.

Импортозамещение в контексте использования его как одного из направлений стратегического развития не следует понимать как вариант промышленной политики, направленной на развитие ориентированных исключительно на внутренний рынок производств, выпускающих продукцию с относительно низкими потребительскими свойствами, огражденную от конкуренции с более высокотехнологичными зарубежными образцами.

С другой стороны, ориентация на повсеместное поощрение экспорта, которая стала основой формирования и развития высокотехнологичных секторов промышленности во многих развитых экономиках, сформировавшихся в послевоенный период, хотя и является перспективной, может оказаться серьезно ограниченной в силу все больше проявляющейся неопределенности в мировой экономике. В этих условиях переориентация внутреннего спроса на продукцию российских производителей может оказаться одним из условий устойчивого функционирования отечественных предприятий, модернизации их производства и повышения конкурентоспособности продукции.

Шесть лет назад, на тот момент Премьер-министр РФ, В.В. Путин, определяя свою позицию по применению механизма импортозамещения в России, отметил, что он против тотального импортозамещения и считает необходимым его применение только в стратегически важных отраслях экономики». Не считаю, что импортозамещение – это самоцель», - сказал В.В. Путин. По его словам, также неприемлемы рассуждения о том, что в России производят товары не хуже, чем за рубежом. "Это уже порочный подход к решению проблемы инновационного развития... Мы должны делать дешевле и лучше. Или вообще не делать. Может быть легче купить?", - заметил премьер. Определяя приоритетные направления применения механизма импортозамещения, было подчеркнуто, что когда речь идет об обороноспособности государства и тех сферах деятельности, без которых невозможно обеспечить его существование, нужно «даже задорого, но производить у себя». «Если мы говорим в целом об экономике, то нет смысла заниматься импортозамещением, если можно купить задешево. Если мы все время будем стремиться догонять, мы всегда будем в отстающих», - заявил Путин[23].

В современных условиях отечественная экономика в своем развитии столкнулась с серьезными препятствиями.

---

[23] http://izvestia.ru/news/

Значительное снижение мировых цен на нефть и как следствие падение курса рубля существенно сузили спектр возможностей экономики. Ситуация еще больше осложнилась антироссийскими и контр санкциями. В таких условиях Правительство Российской Федерации разработало антикризисную программу, направленную на структурную перестройку экономики. Документ предусматривает выделение семи ключевых направлений для реализации мероприятий по борьбе с кризисом. Среди них – поддержка импортозамещения и экспорта несырьевых, в том числе высокотехнологичных товаров, содействие развитию малого и среднего бизнеса, создание возможностей для привлечения финансирования в значимых отраслях экономики, компенсация дополнительных инфляционных издержек наиболее уязвимым категориям граждан, снижение напряженности на рынке труда, оптимизация бюджетных расходов и повышение устойчивости банковской системы.

На сегодняшний день развитие промышленного производства на новом технологическом уровне является императивом развития экономики страны. Президентом В.В. Путиным провозглашена задача изменения места России в международном разделении труда. Страна призвана играть роль не только мирового поставщика сырья и энергоносителей, но и «…владелицы постоянно обновляющихся передовых технологий, как минимум в нескольких секторах…». Иначе страна обречена «…терять ресурсы выплачивая их за новые, все более сложные и дорогие технологии промышленных товаров, материалов и медицинских препаратов, которые не умеем создавать сами»[24]. В масштабе страны поставлена задача достижения лидерства в таких отраслях, как авиационная промышленность, композитные и неметаллические материалы, высокотехнологичная химия и фармацевтика, а также в

---
[24] http://www.vedomosti.ru/

информационно-коммуникационных технологии и нанотехнологии.

В настоящее время в большинстве регионах отсутствуют или недостаточно эффективно функционируют институты повышения конкурентоспособности. Для выявления возможно и целесообразности использования ориентации на замену импортных товаров продукцией российских производителей в качестве стратегии развития той или иной отрасли промышленного производства, необходимо изучение достижений мировой и отечественной науки в области теории и анализ зарубежной практики реализации процессов импортозамещения.

ГЛАВА 2. АНАЛИЗ ИНВЕСТИЦИОННЫХ ВОЗМОЖНОСТЕЙ РЕГИОНА ПО РЕАЛИЗАЦИИ ПРОГРАММЫ ИМПОРТОЗАМЕЩЕНИЯ

2.1. Социально-экономическая характеристика региона

Рассмотрим социально-экономические показатели развития региона за 2013-2014 гг.

Социально – экономическое развитие Астраханской области за 2013 год можно оценить как достаточно динамичное, что подтверждается увеличением таких показателей как ВРП, индекс промышленного производства, объем работ по виду деятельности «строительство», ввод в действие жилых домов (Приложение 1).

Большинство показателей, характеризующих социально-экономическую ситуацию в регионе, по итогам 2013 года показали темпы роста, превышающие среднероссийские. Опережающими темпами росли: ВРП (123,4% против 101,3% по России), индекс промышленного производства (124,8% против 100,3%), объем работ по виду деятельности «строительство» (310,2% против 98,5%), ввод в действие жилых домов (116,4% против 107,1%), оборот розничной торговли (107,4 против 103,9%).
Рост производства в промышленном секторе экономики достигнут благодаря увеличению объемов производства по трем основным видам экономической деятельности: «Добыча полезных ископаемых», «Обрабатывающие производства» и «Производство и распределение электроэнергии, газа и воды».

Добыча полезных ископаемых на протяжении всего 2013 года демонстрирует высокие темпы роста. В январе-декабре 2013 года индекс производства по данному виду деятельности составил 137,3%, что напрямую связано с увеличением объемов добычи ООО «ЛУКОЙЛ-

Нижневолжскнефть» на месторождении им.Ю.Корчагина на шельфе Каспия (рост в 1,7 раза).

В развитии обрабатывающих производств также наблюдается положительная динамика. Рост производства здесь составил 109,8%, что обусловлено, в первую очередь, высокими темпами развития такой отрасли, как производство транспортных средств и оборудования – индекс производства составил 136% за счет увеличения объемов валовой продукции на региональных судостроительных предприятиях. Данный вид деятельности занимает в общем объеме обрабатывающих производств около 20%.

В 2013 году региональными судостроительными предприятиями было выполнено строительство ряда объектов для реализации первого этапа освоения месторождения им. Филановского: построены опорные основания ЛСП-1, центральной технологической платформы, райзерного блока и жилого модуля. Данные объекты уже установлены на своих точках в Каспийском море.

Одной из крупнейших компаний в секторе проектирования, снабжения и строительства для компаний нефтегазовой отрасли ОАО «Глобалстрой-Инжиниринг» в Икрянинском районе в 2013 году завершено строительство новой сборочно-монтажной площадки (общий объем инвестиций по проекту – 1,2 млрд. рублей). На данной площадке осуществляется укрупненная сборка верхних строений платформ центральной технологической платформы и верхнего строения жилого модуля (ПЖМ-1) на 1 этапе для месторождения им. В. Филановского и других перспективных месторождений Северного Каспия.

Кроме того, в 2013 году региональными судостроителями завершен ряд крупнейших проектов:

- на ООО «Каспийская энергия Проекты» завершено строительство самоподъемной буровой платформы «Нептун» для компании «БКЕ Шельф»;

- на ОАО «ССЗ Лотос» завершено строительство трех несамоходных понтонов для судоходной компании «АРК», сухогруза проекта RSD-49 для ОАО «Западное пароходство»;

- на ООО «Галактика» выполнен уникальный проект переоборудования рыбопромыслового судна в научно-исследовательское для ведения геолого-разведочных работ.

По результатам завершившегося в конце 2013 года тендера второй этап освоения месторождения им. В. Филановского также реализуется на базе астраханских судостроительных предприятий.

В текстильном и швейном производстве рост объемов производства за 2013 год составил 106,7%, что обусловлено увеличением объемов производства тканей из стекловолокна (128,5% к уровню 2012 года) в результате реализации проекта «Модернизация технологического потока ОАО «Астраханское стекловолокно». В рамках данного проекта на предприятии проведена замена устаревшего оборудования. Приобретение новейшего высокопроизводительного оборудования позволит предприятию выйти на новый уровень развития, укрепить рыночные позиции как на российском рынке, так и в странах СНГ, и начать изготавливать электроизоляционные стеклоткани, стеклонити и другие виды продукции для предприятий электротехнической отрасли в большем объеме и по качеству сопоставимому с лучшими мировыми образцами.

В 2013 году выросли объемы производства в отрасли производства резиновых и пластмассовых изделий на 14,7%. Вследствие значительного роста объемов выполненных работ в строительстве (в 4,5 раз за 2013 год) в 2013 году возросли и объемы производства окон и их коробок и подоконников полимерных (в 1,6 раза) и дверей и их коробок полимерных (в 1,4 раза) на крупных и средних предприятиях (были получены новые заказы).

Основной рост в обрабатывающих производствах в 2013 году приходился на новую для астраханского региона отрасль - металлургическое производство – 530% к уровню 2012 года. Это достижение – результат работы построенного в 2012 году производственно-логистического комплекса «СВАП-ЮГ» по нанесению утяжеляющего защитного бетонного покрытия и изоляции трубопроводов. Продукция предприятия используется при строительстве нефтегазопроводов Каспийских месторождений. В результате реализации данного проекта была обеспечена занятость 450 высококвалифицированных специалистов. Мощность данного завода позволяет осуществлять ежемесячную отгрузку не менее 25 км труб для российских и зарубежных предприятий (в Казахстан, Туркменистан, Иран).

По виду экономической деятельности «Производство и распределение электроэнергии, газа и воды» индекс производства составил 100,3%.

В сфере региональной электроэнегретики 10 октября 2013 года ОАО «ЛУКОЙЛ» введена в эксплуатацию электростанция ПГУ-235 мощностью 235 МВт в г.Астрахани. Объем инвестиций по проекту составил почти 11 млрд. руб. На данной электростанции применяются парогазовые установки, имеющие КПД более 51%. Применяемое оборудование позволяет значительно снизить удельные расходы топлива, что положительно сказывается на экологии города Астрахани. Электростанция работает по принципу когенерации, обеспечивая тепловой энергией потребителей города Астрахани.

Кроме того, в 2013 году была введена в строй новая современная подстанция «Газовая», обеспечивающая электрической энергией потребителей газового комплекса. С вводом этой подстанции значительно повысилась надежность электроснабжения газоперерабатывающего завода.

В 2013 г. выполнен первый этап программы модернизации подстанции «Харабали» напряжением 220/110/10 кВ с общим объемом инвестиций более 60 млн. руб. В результате реконструкции повысилась надёжность работы сети, установленная трансформаторная мощность на ПС Харабали выросла на 67%.

Объем валовой продукции сельского хозяйства в январе-декабре 2013 года составил 27066,7 млн. рублей, 100,8% к соответствующему периоду 2012 года. В сельском хозяйстве используются технологии капельного орошения, происходит развитие семеноводства, использование научно-обоснованных норм внесения минеральных удобрений и средств защиты растений.

В хозяйствах всех категорий произведено:

- 63657 тонн мяса (100,3%),
- 171335 тонн молока (100,7%),
- 280,6 млн. штук яиц (109,3%).

Грузооборот всех видов транспорта в январе-декабре 2013 года составил 20291,7 млн. тонн-км, темп к 2012 году – 99,5%. Снижение обусловлено сокращением грузооборота железнодорожного транспорта на 0,4%, а также морского и внутреннего водного транспорта на 6,5%.

В январе-декабре 2013 года в области за счет всех источников финансирования, по оценке, освоено 105 000,0 млн. рублей инвестиций в основной капитал или 124,6 % к аналогичному периоду 2012 года.

Объем работ, выполненных по виду деятельности «Строительство», в январе-декабре 2013 года составил 63 262,3 млн. рублей, что в 3,1 раза выше уровня соответствующего периода предыдущего года.

В январе-декабре 2013 года организациями всех форм собственности и индивидуальными застройщиками введено жилье общей площадью 594,8 тыс. м², что на 16,4 % выше уровня января-декабря 2012 года.

Оборот розничной торговли за 2013 год составил 149851 млн. рублей, что в товарной массе на 7,4% больше, чем в аналогичном периоде 2012 года.
Оборот розничной торговли на 94% формируется торгующими организациями и индивидуальными предпринимателями, осуществляющими деятельность в стационарной торговой сети (вне рынка); доля розничных рынков и ярмарок составила 6% (в 2012 году – соответственно 93,2% и 6,8%). Увеличению оборота розничной торговли также способствовало укрепление материально-технической базы организаций торговли и расширение торговой сети.

В 2013 году населению области оказано платных услуг на 31074,5 млн. рублей (100,4% к 2012 году).

Среднедушевые денежные доходы жителей области увеличились на 11,0% по сравнению с прошлым годом и в номинальном выражении на душу населения в среднем за месяц составили 19731,8 рублей.

Среднемесячная заработная плата в 2013 году составила 22 534,5 рублей и по сравнению с 2012 годом увеличилась на 13,6%. Реальная заработная плата составила 106,9%.

За содействием в поиске подходящей работы в службу занятости Астраханской области в январе-декабре 2013 года обратилось 34,8 тыс. человек. Уровень зарегистрированной безработицы на 1 января 2014 года составил 1,1% экономически активного населения области (на 1 января 2013 г. – 1,2%).

В 2013 году коэффициент рождаемости по сравнению с прошлым годом снизился и составил 14,8 чел. на 1000 человек населения (в 2012 году – 15,1), коэффициент смертности составил 12,3 чел. на 1000 человек населения (в 2012 году – 12,6). Естественный прирост населения в 2013 году составил 2,6тыс. человек.

Правительством Астраханской области была принята концепция отраслевой целевой программы «Развитие малого и среднего предпринимательства на 2012-2016 годы». На реализацию мероприятий программы планировалось направить 372,9 млн. рублей из бюджета Астраханской области и 1 491,9 млн. рублей из федерального бюджета.

Реализация данной программы должна была способствовать созданию дополнительных объектов инфраструктуры поддержки малого и среднего предпринимательства, помочь оказать государственную поддержку 17 тыс. предпринимателям, создать и сохранить свыше 60 тыс. рабочих мест, довести долю инновационно-ориентированных субъектов предпринимательства до 1,9%.

Итоги социально-экономического развития области в 2014 году выглядят следующим образом.

В 2014 году состоялся Четвертый саммит глав прикаспийских государств. Политический диалог дружественных стран прошел продуктивно. Президенты стран Прикаспия высказали заинтересованность в развитии торговых связей, наращивании инвестиционных потоков, рациональном использовании природных ресурсов, расширении транспортных коридоров, в том числе и коридора «Север-Юг». Эти решения должны найти отражение в конкретных региональных планах международного и межрегионального взаимодействия в экономических, социальных и межнациональных процессах.

Саммит позволил и дальше наращивать отношения со странами Прикаспия и развивать связи с Индией, Арабскими Эмиратами, Кувейтом, Китаем, не останавливая взаимодействия с нашими традиционными партнерами. Практика убедительно доказывает, что интересы бизнеса сильнее любых санкций.

В результате двухлетней работы Правительства Астраханской области с Правительством Российской Федерации принято решение о создании особой экономической зоны (ОЭЗ). Она определяет новую политику индустриализации региона, принципиальное преобразование регионального производственного кластера.

Создание особой экономической зоны будет направлено на укрепление экономических позиций России в Каспийском регионе, увеличение доли судостроения и высокотехнологичной продукции на мировом рынке.

Начальный этап лишь старт для дальнейшей работы по формированию нового экономического и правового поля, благоприятной бизнес-среды. На территории Наримановского района предстоит создать промышленные площадки, оборудованные современной инфраструктурой, способной обеспечивать предприятия всеми необходимыми ресурсами. На создание ОЭЗ будут направлены существенные государственные и частные инвестиции.

Цель 2015 года – привлечь в наш регион новых бизнес-партнеров как со стороны Запада, так и со стороны Востока и создать условия для свободного обмена технологиями и инвестициями. Участникам проекта должен быть создан «зеленый коридор» во всех региональных органах государственной власти без бюрократической волокиты и многочисленных согласований.

Основным социально-экономическим достижением года является сохранение, а в основном рост практически всех значимых социально-экономических показателей, реализация ряда важнейших программ и намеченных мероприятий.

Объем валового регионального продукта в 2014 году составил более 282 млрд рублей и вырос за год на 2,4%. (рис.3)

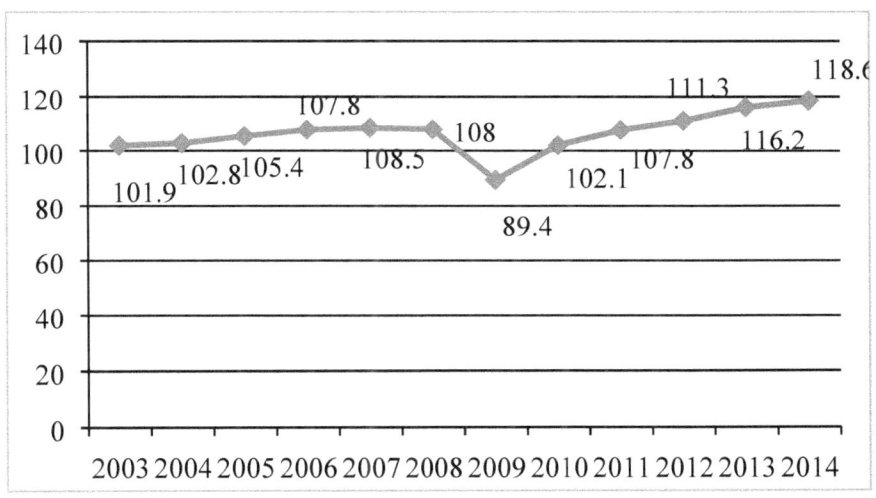

Рисунок 3. Валовой региональный продукт по Астраханской области (в процентах к предыдущему году) в 2003-2014 гг.

Сохранены достигнутые в прошедший трехлетний период высокие объемы промышленного производства. С 2010 года промышленность прирастала значительными темпами, превышающими 115 % в год. Несмотря на сложность текущего периода, в этом году удалось сохранить высокие объемы. Сводный индекс промышленного производства оценивается на уровне 102% к уровню 2013 года.

Об эффективности регионального производства свидетельствует рост в полтора раза полученной прибыли, объем которой превысил 41 млрд рублей.

За счет всех источников финансирования освоено около 116 млрд рублей инвестиций. Их доля в ВРП составит более 40%, что в полтора раза больше, чем в среднем по регионам России.

Качество астраханского регионального государственного управления было высоко оценено Правительством России. По результатам комплексной оценки эффективности исполнительных органов государственной власти субъектов Российской Федерации по итогам 2013 года Астраханская область вошла в состав 20 регионов России с лучшими показателями качества, заняв 6-е место.

Регион назван лидером по динамике экономического развития за трехлетний период, темпам развития малого бизнеса и другим показателям.

В рейтинге Министерства экономического развития Российской Федерации по благоприятным условиям ведения предпринимательской деятельности Астраханская область занимает второе место.

Прямым эффектом экономической политики стала многолетняя тенденция опережения темпов роста социальных показателей.

Среднемесячная номинальная начисленная заработная плата составила 25 тыс. рублей.

Рост реальных денежных доходов населения (с учетом инфляции) по сравнению с 2013 годом составил более 105%. По этому показателю регион вошел в первую двадцатку субъектов Российской Федерации.

По итогам 2014 года расходы консолидированного бюджета составили около 50 млрд. рублей. Выполнены все социальные обязательства перед работниками бюджетной сферы, населением. В зоне ответственности социальной системы региона было исполнение «дорожных карт» по повышению эффективности работы здравоохранения, социальной политики, образования при повышении уровня оплаты труда целевых категорий сотрудников. Эти обязательства потребовали около 1,4 млрд. рублей дополнительных расходов и были также исполнены.

Структура инвестиций в основной капитал (приложение 2) позволяет отметить, если в 2013 году максимальное количество инвестиций распределены в прочие фонды, то в 2014 на первом месте – инвестиции в здания и сооружения (кроме жилых). Как в 2013, так и в 2014 году минимальное количество инвестиций приходится на жилой фонд.

В результате заработная плата врачей уже сегодня превышает более чем на 40% среднюю заработную плату по региону и составляет более 34 тысячи рублей, учителей – более 25 тысяч рублей. На устойчивую траекторию роста вышел уровень оплаты труда других работников социального обслуживания.

Почти на 20% возросла оплата труда педагогических работников дошкольных учреждений, на 50% - учреждений дополнительного образования, более чем на 32% - учреждений культуры.

О качестве жизни в регионе свидетельствует и то, что Астраханская область вошла в первую двадцатку по количеству абонентов мобильной связи на тысячу населения, по численности зрителей театров на тысячу населения, по вводу площади жилья, приходящегося на 1000 человек.

Регион занимает 8-е место по численности занимающихся физкультурой и спортом. Увеличилось с 2012 года в 1,1 раза количество автомобилей, зарегистрированных у населения. Один миллион астраханцев владеет почти 270 тыс. машин.

Продолжен естественный прирост населения, который составил 2,5 тыс. человек.

Продолжается освоение богатейших месторождений на Каспии. На месторождении им. Ю. Корчагина по результатам 2014 года добыто около 1,5 млн. тонн нефти.

В активной стадии обустройства находится крупнейшее месторождение на российском шельфе Каспия – им. В.

Филановского. Добыча нефти должна начаться к концу 2015 года.

Объем освоенных компанией «Лукойл» инвестиций за 2014 год составил около 47 млрд. рублей. В следующем году предстоит освоить не менее 65 млрд. рублей.

Компания «Газпром добыча Астрахань» также уточнила промышленные запасы Астраханского газоконденсатного месторождения. Они возросли более чем на 500 млрд куб. метров по газу и почти на 150 млн тонн - по конденсату. Это перекрывает общий годовой объем добычи «большого» Газпрома.

Топливно-энергетический комплекс остается форсированным «инвестиционным двигателем», обеспечивающим обновление и рост производственной базы региона.

В 2014 году завершилось строительство сервисного центра компанией «Шлюмберже» на территории Наримановского района. Центр предназначен для обслуживания бурового оборудования и техники для исследования недр российских месторождений, поддержки шельфовых каспийских и арктических проектов. Создание центра на территории региона позволит проводить полный сервисный цикл подготовки оборудования к работам на буровых.

В текущих экономических условиях это дает региону неоспоримое конкурентное преимущество.

Астраханские судостроители завершили береговой этап возведения верхних строений платформ, предназначенных для освоения месторождения имени В. Филановского, выполнив обязательства и выдержав жесткий график сдачи.

В мае, июле, октябре 2014 года уникальные объекты, построенные силами региональных судостроительных заводов, были доставлены на месторождение в море и установлены на опорные основания. Этот проект стал наиболее значимым для судостроительной отрасли региона за последние десять лет. В нем задействованы все крупные судоверфи региона.

Построены буровые установки для «БКЕ-шельф», стационарные платформы для компании Dragon Oil, транспортный флот. Наши судостроители снова подтвердили высокое качество работы, способность конкурировать с международными верфями.

Стратегические партнеры ООО «Руссоль» и ЗАО «КНАУФ ГИПС БАСКУНЧАК» выполняют программу глобальной модернизации производства, технологического процесса переработки. Мощность производственной базы увеличилась многократно. В результате темпы роста сектора добычи прочих полезных ископаемых в 3 раза превысили даже темпы роста топливно-энергетических ресурсов.

В 2014 году в 1,5 раза увеличены объемы производства стекловолокна, которое по качеству сопоставимо с лучшими мировыми образцами. В 2,4 раза выросло производство одежды благодаря сотрудничеству астраханских производителей с ведущими мировыми компаниями.

В 2015 году началось строительство завода по производству битума мощностью 300 тыс. тонн в год рядом с поселком Верблюжий.

Запланирована в 2015 году реализация двух проектов строительства комплексов по производству сжиженного природного газа. Первая очередь будет реализована на территории Наримановского района компанией «Семирамида» с участием итальянского инвестора и группы «Газпром». Начало производственного цикла нового завода запланировано на 2015 год, годовой объём производства около - 51 тыс. тонн.

Вторая – на территории Приволжского и Енотаевского районов.

С начала 2014 года начал работать в полную силу ведущий объект энергетики и теплообеспечения - электростанция ПГУ-235. Объем производства и распределения электроэнергии вырос на 14% к уровню 2013 года.

Волго-Донское предприятие электрических сетей ОАО «ФСК ЕЭС» выполнило программу модернизации подстанции «Харабали». В результате ее трансформаторная мощность выросла почти на 70%.

Развивается альтернативная электроэнергетика с использованием энергии солнца и ветра. Продолжил реализацию крупномасштабный инвестиционный проект по строительству шести объектов солнечной генерации. Общий объем инвестиций составляет около 10 млрд рублей. Первые два объекта - солнечные станции «Резиновая» и «Володаровка» мощностью 15 МВт каждая – должны быть построены в 2015 году.

Заключено соглашение с ООО «Ветрогенерирующая компания» и ООО «ВетроОГК» по строительству ветровых электростанций в области мощностью 100 МВт.

Продолжается развитие транспортной инфраструктуры региона.

На завершающий этап вышел инвестиционный проект «Электрификация участка Трубная – В.Баскунчак – Аксарайская Приволжской железной дороги».

В порту Оля введены в эксплуатацию автопаромный терминал и пункт пропуска для обслуживания накатных и автопаромных грузов. Проектная мощность причалов составляет около 400 тыс. тонн в год.

Завершено строительство трех пассажирских теплоходов «Астраханец», предназначенных для транспортного обслуживания жителей города и туристов.

Завершено строительство автодороги Волго-Каспийский СРЗ – Маячное в Икрянинском и Камызякском районах. Завершается замена 4 аварийных мостов. Всего отремонтировано более 70 км дорог.

Завершена программа модернизации подвижного состава региональных паромных переправ.

Сельское хозяйство и пищевая промышленность области успешно справляются с задачей импортозамещения.

Объем производства валовой сельскохозяйственной продукции составил около 31 млрд рублей. На него приходится почти 10% ВРП. Объем государственной поддержки составил около 680 млн. рублей.

Растениеводами региона преодолена новая символическая планка – произведено более 1,3 млн тонн овоще-бахчевой продукции и картофеля. Астраханская область выходит на первое место в России по сбору овоще-бахчевой продукции.

Достижение 2014 года - закладка более 100 га высокоурожайных садов интенсивного типа в Приволжском и Харабалинском районах области. Продолжается работа по увеличению площадей многолетних насаждений.

Работа агропромышленного комплекса направлена не просто на оперативное замещение импортного продовольствия, но и на развитие логистики, повышение качества продукции, использование новых технологий.

Прежде всего, это создание эффективной системы хранения.

В Ахтубинском районе введен в эксплуатацию крупнейший оптово-распределительный центр ООО «Викалина», включающий 3 овощехранилища емкостью хранения 6 тыс. тонн и цех, способный осуществить первичную переработку 1,3 тыс. тонн овощей. Построено 5 и модернизировано еще 13 овощехранилищ.

В результате объем реализованной продукции через оптово-распределительные центры составил более 60 тыс. тонн, увеличившись по сравнению с 2013 годом более, чем на 33%.

Объем единовременного хранения в овощехранилищах доведен до 142 тыс. тонн в год с ростом на 12 тысяч тонн.

2014 год стал годом рекордных темпов по переработке овощной продукции.

Объем производства плодо-овощных консервов увеличился на 33% и достиг 115 млн. усл. банок. Продукция астраханских предприятий представлена во всех ведущих российских сетях и странах СНГ под брендами «Пиканта», «4 Сезона», «Путин», «Угощение славянки», «Ресторация Обломов» и др.

Увеличился объем производства замороженной плодо-овощной продукции, который составил более 10 тыс. тонн, с ростом 16% к уровню 2013 года.

В животноводстве обеспечен рост по всем основным позициям. Наибольшая динамика в производстве мяса птицы – рост в 5 раз. В 2014 году восстановил свою производственную деятельность ОАО «Астраханский продукт». Здесь произведено около 5 тыс. тонн мяса птицы. Следующий этап – увеличение мощности еще на 50% - будет реализован в 2015 году.

На ведущих птицефабриках области завершено строительство промышленных цехов, мощностей по производству собственных комбикормов. Область выходит на освоение рынков других регионов.

Внешнеторговый оборот Астраханской области (по данным Федеральной таможенной службы) представлен на рисунке 4.

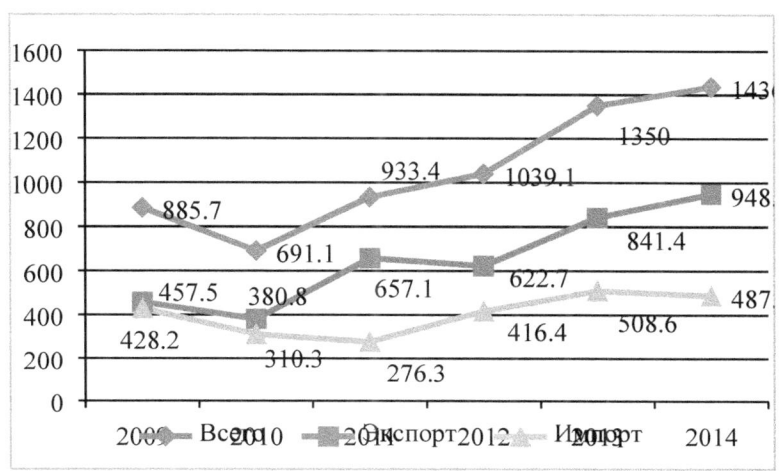

Рисунок 4. Внешнеторговый оборот Астраханской области в 2009-2014 году, млн. долл.

По данным рисунка делаем вывод о стабильном росте внешнеторгового оборота более чем вдвое за последние пять лет с 691,1 млн. долл. в 2010 году до 1436,3 млн.долл в 2014 г. При этом, если в 2009 году объем экспорта и импорта были примерно равны, то по периоду наблюдается заметный рост объема экспорта и импорта, в то же время, в 2014 году объем экспорта почти вдвое больше, чем импорта.

Началась реализация проекта компании «Национальные рыбоводные технологии – «Степное» по созданию рыбоводного комплекса для выращивания рыбы (тиляпия). Будет использована уникальная для России технология выращивания и оригинальное оборудование. Выход на проектную мощность планируется в 2016 году.

Таким образом, в 2013-2014 годах все основные намеченные региональные макроэкономические показатели были достигнуты. Объем инвестиций в экономику и социальную сферу региона по итогам каждого года растет. На протяжении многих лет сохраняется высокая доля инвестиций в ВРП, которая превышает 40%. Это свойство быстро развивающихся регионов. Закономерно, что объем промышленного производства растет, так в 2013 году он увеличился на четверть.

Сектор малого и среднего предпринимательства демонстрирует опережающую активность в ряде стратегических направлений экономики Астраханской области. Удельный вес малого и среднего бизнеса в ВРП составляет порядка 35%. Это соответствует европейскому уровню.

В области сформировано двенадцать саморазвивающихся кластеров, обеспечивающих согласованное развитие экономики и социальной сферы.

Среди регионов РФ у Астраханской области 1 место по темпам строительства, 2-е – по индексу промышленного производства и темпам роста инвестиций. Регион входит в десятку по сводному индексу инвестиционной привлекательности и по темпам роста доходов регионального бюджета.

Высокую инвестиционную привлекательность региона подтверждает оценка ведущих российских и международных рейтинговых агентств.

Нефтегазовый кластер является основным ускорителем регионального развития. Прогнозные ресурсы углеводородов на суше геологоразведчики считают самыми крупными в европейской части России.

Долговременность региональных возможностей определяет принцип диверсификации, его суть в стабильности структуры региональной экономики. Это означает, что развитие одного кластера вызывает соответствующее ускорение смежного. В конечном счете, этот принцип определил необходимость формирования свободной экономической зоны. Главная ее задача - повысить степень готовности продукции судостроения. В свободной экономической зоне намечается производить навигационное оборудование, судовые приборы, оснащение для быта на буровых и многое другое. Это окажет влияние на региональную промышленность в целом, даст жизнь ряду новых для области отраслей. В общей сложности в рамках особой экономической зоны будет создано 13 тысяч рабочих мест.

Несмотря на отмеченные успехи в сфере реализации государственной экономической политики в регионе, в настоящее время существует ряд проблемных вопросов, сдерживающих качественные изменения в социально-экономическом развитии Астраханской области.

Ключевыми проблемами являются неблагоприятные демографические тенденции, высокий износ основных фондов, недостаточный уровень развития обрабатывающих производств, опережающий рост стоимости услуг и транспортных тарифов, преобладание сырьевого сектора экономики, недостаточный кадровый потенциал, низкая инновационная активность, преимущественное инвестирование в нефтегазовый сектор экономики, недостаточный уровень развития малого и среднего бизнеса, неравномерность развития муниципальных образований.

Мероприятия по решению ряда вышеуказанных проблем предусмотрены в государственных программах «Развитие промышленности, топливно-энергетического комплекса, природных ресурсов и транспорта Астраханской области», «Развитие агропромышленного комплекса Астраханской области», «Развитие рыбохозяйственного комплекса Астраханской области», «Содействие занятости населения Астраханской области», «Развитие образования Астраханской области» и других.

2.2 Анализ источников финансирования развития экономики региона

Астраханская область имеет важное транспортно-географическое положение, став теперь главными российскими воротами в Каспийское море. Астраханский транспортный узел находится на самом коротком и удобном пути и Европы в Среднюю и Южную Азию. Более 60 предприятий области занимаются грузоперевозками, действуют две судоходные компании - Северо-Каспийское морское пароходство и Астраханское пароходство.

Астраханская область относится к числу регионов со сбалансированной, но слаборазвитой экономикой, традиционно базировавшейся на сельском хозяйстве, рыболовстве, судоходстве и добыче поваренной соли. Лишь с освоением крупного газоконденсатного месторождения в 80-х годах начался новый этап экономического развития области.

Рассмотрим показатели консолидированного бюджета области (рис.5).

Рисунок 5. Консолидированный бюджет Астраханской области, млн.рублей

Данные рисунка 5 свидетельствуют о росте как доходов, так и расходов, причем уровень расходов увеличивается быстрее, чем уровень доходов, следовательно, растет и дефицит бюджета.

Важнейшим фактором успешного социально-экономического развития региона, повышения конкурентоспособности и инвестиционной привлекательности экономики является наличие эффективно функционирующей системы государственного стратегического управления.

В рамках реализации стратегического подхода к управлению социально-экономическим развитием Астраханской области в 2010 году постановлением Правительства Астраханской области от 24.02.2010 N 54-П была утверждена Стратегия социально-экономического развития Астраханской области до 2020 года (далее — Стратегия), которая входит в систему документов стратегического планирования социально-экономического развития Российской Федерации. Стратегия сформирована в развитие Концепции долгосрочного социально-экономического развития Российской Федерации на период до 2020 года, утвержденной распоряжением Правительства Российской Федерации от 17.11.2008 N 1662-р, федеральных отраслевых стратегий, учитывает положения Стратегии социально-экономического развития Южного федерального округа на период до 2020 года, утвержденной распоряжением Правительства Российской Федерации от 05.09.2011 N 1538-р.

Стратегия, ориентированная на новый ресурсный портфель, связанный с ускоренным технологическим ростом, радикальным повышением производительности труда и капитала обеспечила возможность увязки среднесрочных и краткосрочных прогнозов, среднесрочных планов и прогнозных показателей деятельности исполнительных органов государственной власти Астраханской области с долгосрочными целями и приоритетными направлениями развития.

Механизм реализации Стратегии представлен в Программе социально-экономического развития Астраханской области на 2010-2014 годы, утвержденной Законом Астраханской области от 22.12.2010 N 86/2010-ОЗ, которая является промежуточным звеном между Стратегией и текущей деятельностью исполнительных органов государственной власти Астраханской области и органов местного самоуправления муниципальных образований Астраханской области.

Безусловный приоритет, определивший цель реализации Стратегии, - создание комфортных условий для жизни граждан, проживающих на территории Астраханской области, доступность качественного здравоохранения и образования, решение коммунальных проблем, обеспеченность жильем и достойной работой. Первый этап Стратегии уже успешно реализован – в регионе создана правовая база для привлечения новых инвестиционных проектов, существует сеть предприятий фундаментальных секторов экономики (нефте- и газодобычи, последующей переработки сырья). Мощный стимул к развитию получил и агропром области, который не только создает основу продуктовой безопасности региона, но и вносит существенный вклад в копилку валового регионального продукта (далее - ВРП).

На региональном уровне отмечается недостаточное использование программно-целевых подходов в достижении стратегических целей и приоритетов государственной политики (в частности только 85% расходов бюджета Астраханской области распределены по программному принципу, что снижает эффективность и результативность бюджетных расходов).

Правительство Астраханской области ставит перед собой задачу перевести не менее 95% расходов бюджета Астраханской области в программную часть.

Внедрение системы позволит выстроить вертикаль стратегических целей региона с целями и задачами субъектов бюджетного планирования, показателями достижения результатов и объемом расходов бюджета Астраханской области, а также выбирать наиболее эффективные направления расходования бюджетных средств, что обеспечит оценку степени достижения запланированных результатов и их качества.

Данное техническое решение позволит полностью обеспечить взаимосвязь показателей среднесрочного социально-экономического развития области с бюджетным планированием и целеполаганием бюджетных расходов.

Совершенствование существующих механизмов управления экономическим развитием позволит изменить подход к среднесрочному прогнозированию, увязать его с прогнозированием долгосрочных тенденций развития Астраханской области, обеспечить координацию разработки, реализации долгосрочных стратегий и программ развития Астраханской области в целом, а также отдельных секторов экономики, их взаимную увязку по целям, срокам и мероприятиям.

Проведенная работа и предпринимаемые в настоящее время действия позволят в очередном бюджетном цикле обеспечить повышение эффективности расходов Астраханской области, направляемых на реализацию государственных программ Астраханской области, повысить перспективы применения механизмов ведомственных целевых программ Астраханской области.

Законом Астраханской области «О бюджете Астраханской области на 2015 год и на плановый период 2016 и 2017 годов» утверждены основные характеристики бюджета Астраханской области на 2015 год исходя из прогнозируемого объема валового регионального продукта в 2015 году 321 950 520,0 тыс. рублей и уровня инфляции 4,9 процента (декабрь 2015 года к декабрю 2014 года):

1) общий объем доходов в сумме 35 472 316,9 тыс. рублей, в том числе за счет межбюджетных трансфертов, получаемых из других бюджетов, – 5 627 464,7 тыс. рублей, из них – получаемых из федерального бюджета – 5 586 105,9 тыс. рублей;

2) общий объем расходов в сумме 38 236 956,5 тыс. рублей;

3) дефицит в сумме 2 764 639,6 тыс. рублей или 9,5 процента от общего годового объема доходов бюджета Астраханской области без учета объема безвозмездных поступлений.

Создание особой экономической зоны (ОЭЗ) в Наримановском районе Астраханской области направлено на стимулирование социально-экономического развития региона и отрасли судостроения.

Трехстороннее соглашение о создании ОЭЗ промышленно-производственного типа было подписано между Минэкономразвития России, правительством Астраханской области и администрацией Наримановского района 12 декабря 2014 года.

Предполагается, что новая ОЭЗ будет стимулировать социально-экономическое развитие области, увеличит долю в мировом рынке судостроения, создаст крупномасштабный промышленный и судостроительный кластер, что также станет дополнительным инструментом реализации шельфовых проектов.

На территорию ОЭЗ будет привлечено более 17 миллиардов рублей инвестиций компаний-резидентов. Финансирование экономической зоны планируется осуществлять за счет средств бюджета Астраханской области в размере не менее 2,4 миллиарда рублей и внебюджетных источников финансирования.

В соответствии с Бюджетным кодексом Российской Федерации, Постановлением Правительства Астраханской области от 24.03.2014 N 80-П «О Порядке разработки, утверждения, реализации и оценки эффективности государственных программ на территории Астраханской области» и Распоряжением Правительства Астраханской области от 15.05.2014 N 197-Пр «О перечне государственных программ Астраханской области» утверждена государственная программа «Управление государственными финансами Астраханской области».

Программа подготовлена в целях реализации единой государственной бюджетной политики, необходимой для устойчивого развития экономики Астраханской области и функционирования бюджетной системы, на основании перечня государственных программ Астраханской области, утвержденного Распоряжением Правительства Астраханской области от 15.05.2014 N 197-Пр.

Программа определяет основные направления развития и функционирования бюджетной системы Астраханской области и предусматривает мероприятия по повышению эффективности деятельности исполнительных органов государственной власти Астраханской области и органов местного самоуправления муниципальных образований Астраханской области по осуществлению бюджетного процесса.

В настоящее время переход на программный бюджет предусматривает разработку государственных программ, в результате чего с 2015 года в бюджетной системе Астраханской области будут функционировать такие элементы программно-целевого метода планирования, как государственные программы и ведомственные целевые программы, не включенные в состав государственных программ.

Доля расходов бюджета Астраханской области, формируемая в программном формате, в 2013 году составила 83.5%. Основной целью при планировании и исполнении бюджета Астраханской области в рамках программно-целевого метода является включение не менее 95% расходов бюджета Астраханской области в государственные программы.

В целях повышения эффективности бюджетных расходов Астраханской области, деятельности исполнительных органов государственной власти Астраханской области и органов местного самоуправления муниципальных образований Астраханской области по выполнению государственных функций и обеспечению потребностей граждан и общества в государственных услугах, повышению их доступности и качества в 2011 - 2012 годах реализована Программа повышения эффективности бюджетных расходов Астраханской области на 2011 - 2012 годы, утвержденная Постановлением Правительства Астраханской области от 21.07.2011 N 260-П; в 2013 году принята Программа повышения эффективности бюджетных расходов Астраханской области до 2015 года, утвержденная Постановлением Правительства Астраханской области от 23.12.2013 N 564-П, предусматривающая внедрение нового инструмента программно-целевого метода планирования бюджетных расходов - государственных программ.

Результатом грамотно проводимой бюджетной политики стало присвоение в 2013 году Астраханской области высшей степени качества организации бюджетного процесса по результатам мониторинга и оценки качества управления региональными финансами, проведенных Министерством финансов Российской Федерации по итогам 2012 года (Приказ Министерства финансов Российской Федерации от 03.12.2010

N 552).

Эффективность Программы определяется положительной динамикой следующих целевых показателей:

- сумма безадресной финансовой помощи из расчета на 1 жителя;

- динамика предоставления безадресной финансовой помощи местным бюджетам из бюджета Астраханской области по сравнению с соответствующим показателем прошлого года;

- сумма межбюджетных трансфертов в расчете на 1 жителя закрытого административно-территориального образования Знаменск Астраханской области (далее - ЗАТО);

- заключение соглашений о мерах по повышению эффективности использования бюджетных средств и увеличению поступлений налоговых и неналоговых доходов местных бюджетов органами местного самоуправления муниципальных образований Астраханской области, попадающими под ограничения, установленные пунктом 4 статьи 136 Бюджетного кодекса Российской Федерации.

Таким образом, организация финансирования экономики региона происходит в рамках программно-целевого подхода, позволяющего не только распределить финансовые инвестиции по отраслям, но и позволяющего проследить эффективность выполнения запланированных мероприятий средствами мониторинга индикаторов выполнения и реализации программы.

2.3. Бюджетно-региональная политика инвестиционных решений

Утверждена Аналитическая ведомственная целевая программа «Государственное регулирование инвестиционной деятельности в Астраханской области на 2013-2015 годы»

Программа способствует достижению цели агентства инвестиционного развития Астраханской области по созданию благоприятного инвестиционного климата в Астраханской области и способствует решению поставленных задач, утвержденных распоряжением Правительства Астраханской области от 01.08.2013 №343-Пр «О стратегических целях и тактических задачах исполнительных органов государственной власти Астраханской области, показателях и индикаторах их достижения на 2013 год и на период с 2014 до 2016 года».

Цель программы: Осуществление государственной политики в сфере инвестиционной деятельности

Задачи программы:

- Совершенствование нормативно-правового регулирования в сфере инвестиционной деятельности на территории Астраханской области;

- Обеспечение деятельности агентства инвестиционного развития Астраханской области по оказанию государственной поддержки инвестиционным проектам.

В качестве целевых индикаторов и показателей используются:

- объем инвестиций, направленных на реализацию проектов, которым присвоен статус и (или) предоставлена государственная гарантия Астраханской области;

- степень обновления нормативно-правовой базы в рамках инвестиционной политики в Астраханской области;

- количество разработанных нормативно-правовых актов в сфере инвестиционной политики;
- прирост количества инвестиционных проектов, получивших государственную поддержку, которым присвоен статус и (или) предоставлена государственная гарантия Астраханской области;
- количество инвестиционных проектов, которым присвоен статус и (или) предоставлена государственная гарантия Астраханской области;
- количество проектов, включенных в информационный банк инвестиционных проектов и находящихся в мониторинге их реализации.

Ожидаемые результаты Программы.

Достижение целевых значений Программы позволит обеспечить увеличение объема инвестиций, направленных на реализацию проектов, которым присвоен статус и (или) предоставлена государственная гарантия Астраханской области, осуществлять разработку нормативно-правовых актов в сфере инвестиционной политики, увеличить количество инвестиционных проектов, которым присвоен статус и (или) предоставлена государственная гарантия Астраханской области.

Программа рассчитана на 2014-2016 годы.

В рамках Программы предусматривается:
- разработка нормативных правовых актов в сфере инвестиционной деятельности;
- формирование информационного банка инвестиционных проектов и осуществление мониторинга их реализации;
- осуществление экспертизы инвестиционных проектов, представленных для оказания государственной поддержки.

Общий объем финансирования из бюджета Астраханской области по годам составляет:

2014 год – 5 868,4 тыс руб.
2015 год – 5 568,4 тыс руб.

2016 год – 5 568,4 тыс руб.

Эффективность реализации Программы определяется на основе положительной динамики значений показателей по результатам реализации мероприятий.

Описание ожидаемых результатов Программы, измеряемых количественными показателями

Реализация мероприятий Программы позволит к концу 2016 года достичь следующих результатов:

- увеличить объем инвестиций по проектам, которым присвоен статус и (или) предоставлена государственная гарантия Астраханской области до 95 млрд. рублей;

- осуществлять разработку нормативно-правовых актов в сфере инвестиционной политики в количестве 5 ед. в год;

- обеспечить к 2016 году степень обновления нормативно-правовой базы в рамках инвестиционной политики в Астраханской области на уровне 25%;

- увеличить количество проектов, включенных в информационный банк инвестиционных проектов, находящихся в мониторинге их реализации до 270 ед.;

- увеличить количество инвестиционных проектов, которым присвоен статус и (или) предоставлена государственная гарантия Астраханской области до 5 ед.;

- обеспечить прирост количества инвестиционных проектов, получивших государственную поддержку, которым присвоен статус и (или) предоставлена государственная гарантия Астраханской области до 125 % в год.

29.05.2015 года в Астрахани состоялось заседание инвестиционного совета под председательством вице-губернатора Константина Маркелова.

В ходе заседания участники совета рассмотрели 2 проекта: по разработке месторождения им. Юрия Корчагина, расположенного в акватории Каспийского моря и проект по комплексной реконструкции с электрофикацией участка Трубная – В. Баскунчак –Аксарайская Приволжской железной дороги.

Решением инвестиционного совета рекомендовано Правительству Астраханской области присвоить проекту «Комплексная реконструкция с электрофикацией участка Трубная – В. Баскунчак –Аксарайская Приволжской железной дороги» статус «Особо важный инвестиционный проект». Данный статус позволит инвестору воспользоваться налоговыми преференциями по налогу на прибыль организаций и налогу на имущество организаций.

Еще в 2012 году инвестиционному проекту по разработке месторождения им. Юрия Корчагина, расположенного в акватории Каспийского моря, реализуемому ООО «Лукоул-Астраханьнижневолжскнефть», уже присвоен данный вид статуса.

Однако в связи с нестабильной экономической ситуацией, сложившейся в конце прошлого года, инвестору пришлось внести коррективы в бизнес-план проекта, который был одобрен инвестиционным советом при Правительстве Астраханской области.

На протяжении ряда лет региональным Правительством проводится последовательная инвестиционная политика, направленная на создание благоприятного делового климата. Это позволяет привлекать дополнительные средства в экономику области и обеспечивает стабильные результаты ее развития.

За пять лет объем привлеченных инвестиций увеличился почти в 2 раза. Несмотря на все сложности, в прошлом году инвестиционные потоки в экономику региона составили порядка 113 млрд рублей. Их доля в валовом региональном продукте составила 40% , что в полтора раза больше, чем в среднем по стране.

Удельный вес малого и среднего бизнеса в валовом региональном продукте в прошлом году превысил 37%. Это достаточно высокий показатель, но следует довести его до 50%.

Главенствующей остается диверсификация экономики. Добывающие отрасли создают условия для развития других отраслей, таких как нефтесервисные услуги, обрабатывающая промышленность, сельское хозяйство.

Значимое направление – обеспечение прямого доступа к инвестиционным ресурсам бизнеса через максимальное использование механизмов финансирования, созданных на федеральном и региональном уровнях.

Область включилась в программу поддержки инвестиционных проектов на основе проектного финансирования и с участием Фонда развития промышленности, с которым у регионального Правительства заключено соглашение.

Сегодня сформирован пакет из 40 проектов в приоритетных отраслях обрабатывающей промышленности, сельского хозяйства, готовых к участию в программах. Все они заявлены и сейчас проходят процедуры согласования и отбора. И с большой долей вероятности можно говорить о том, что большинство этих проектов будут приняты в программу поддержки, и их реализация начнется в этом году.

Это дает возможность предприятиям получить льготное кредитование от коммерческих банков с процентной ставкой 5-11% годовых.

Фондом также предоставляются займы промышленным предприятиям на этапе предбанковского финансирования с целью подготовки технико-экономических и финансово-экономических обоснований, проведения проектно-изыскательских, научно-исследовательских и опытно-конструкторских работ.

На уровне региона сложилась действенная система поддержки малого и среднего бизнеса, которая сегодня демонстрирует достаточно высокие показатели эффективности.

Одной из ключевых структур здесь является Астраханский фонд поддержки малого и среднего предпринимательства, на базе которого функционирует центр микрофинансирования. За прошлый год объем льготных кредитов центра вырос в 1,5 раза, количество их получателей – в 2 раза. Микрозаймы предоставляются по программам «Фермер», «Партнер».

Внедрены новые финансовые продукты, как например, займ «РЕЗЕРВ» на приобретение оборудования или транспортных средств российского производства под процентную ставку 8%.

Увеличена доступность средств Астраханского залогового фонда. Так, суммы поручительства выросли с 50 до 70% от кредита для малого и среднего бизнеса, помимо этого обеспечение включает банковские гарантии и займы финансовых организаций для проектов.

Достигнуто соглашение о сотрудничестве с Агентством кредитных гарантий. Это расширяет доступность льготных кредитных средств для малого бизнеса на федеральном уровне института поддержки.

Господдержка малого предпринимательства из бюджета ведется по двум направлениям: гранты начинающим предпринимателям и субсидии на инвестиционные проекты.

Действенным механизмом инвестиционного процесса остается развитие государственно-частного партнерства. В мировой практике, в основном с его использованием, осуществляются инфраструктурные проекты, в которых поддерживается приемлемый уровень доходности, перераспределяются риски между бизнесом и государством.

В регионе создана вся нормативная правовая основа для реализации данных проектов.

Есть успешный опыт подобного сотрудничества в сфере здравоохранения и образования, жилищно-коммунального хозяйства. Действуют медицинский центр «Локохелп», клиника восстановительного лечения «Медиал», детские дошкольные учреждения.

В настоящее время ведется строительство центров утилизации твердых бытовых отходов в муниципальных образованиях, поликлиники в р.п. Лиман.

Достигнуты договоренности по реализации проектов совместно с бизнесом по развитию информационной системы «Безопасный город» и применению современных технологий в дорожном строительстве.

Однако доля проектов, реализованных на основе данного механизма, пока не высока.

Больше 2 лет у нас действует центр социальных инноваций. Он формирует банк проектов, предоставляет услуги по консалтингу, оказывает информационную, организационную, финансовую и юридическую помощь социальным предпринимателям.

Благодаря реализуемым мерам поддержки социального бизнеса, предоставлению льгот и субсидий, в регионе открываются негосударственные дошкольные образовательные учреждения. В настоящее время их посещают около 2 тыс. детей, действует 52 частных детских сада.

Внедрение кластерного подхода способствует формированию эффективной инвестиционной политики.

Согласно региональной стратегии социально-экономического развития формируются 3 кластера: туристический, судостроительный, рыбохозяйственный, включающий в себя аквакультуру. Разработаны планы их развития и дорожные карты. Эти документы – ориентир для всего бизнес-сообщества по развитию и перспективам данных отраслей до 2020 года.

Действует центр кластерного развития при Астраханском областном инновационном центре. Сформированы кластерные проекты. Количество участников в них превысило 200 хозяйствующих субъектов.

Важно, что участники кластеров активно внедряют новые технологические решения, направленные на импортозамещение. Например, разработаны предложения по производству дизельного судового двигателя, пищевой продукции длительного срока хранения.

Перспективным остается и развитие других кластеров – агропромышленного, транспортного, строительного, «индустрии здоровья».

Переход на более высокий уровень развития региональной экономики будет обеспечен за счет реализации уникальных проектов крупного бизнеса и формирования новых компетенций.

Здесь основным инструментом является особая экономическая зона. Она даст мощный импульс для системного развития и индустриализации региона.

Создание зоны «Лотос» направлено на укрепление экономических позиций России в Каспийском макрорегионе, увеличение доли судостроения и высокотехнологичной продукции на мировом рынке.

ОЭЗ дает инвесторам ряд налоговых льгот и таможенных преференций, а также гарантирует доступ к инженерной, транспортной и деловой инфраструктуре. Издержки инвесторов при реализации проектов на этой площадке сократятся в среднем на 30-40%.

В 2015 году будут приняты изменения в налоговое законодательство, обеспечивающие льготный режим, разработаны необходимые градостроительные документы, позволяющие приступить к созданию объектов инфраструктуры.

В рамках работ по привлечению резидентов в особую экономическую зону проведены переговоры с крупнейшими международными компаниями и производителями судового, нефтегазового, энергетического оборудования.

Задача регионального Правительства – в этом году, несмотря на все организационные мероприятия, без которых не обходится создание ни одной особой экономической зоны, запустить на ОЭЗ деятельность не менее двух промышленных предприятий.

Кроме того, зона «Лотос» будет стимулировать развитие сопутствующих производств. Предлагаю астраханскому малому и среднему бизнесу уже сейчас продумать, какие товары, услуги и сервисы будут востребованы резидентами, и начать подготовку к их организации.

Дополнительным элементом инвестиционной инфраструктуры станут индустриальные парки. Это будут территории промышленно-производственного типа для резидентов, ориентированных преимущественно на производство и реализацию импортозамещающих товаров.

При создании инфраструктуры индустриальных парков будет использован новый механизм финансовой поддержки – инвестиционной фонд Астраханской области, средства которого пойдут на формирование инфраструктуры, разработку проектно-сметной документации, прямое софинансирование инвестпроектов. Это деньги регионального бюджета.

Важной остается систематизация информации о наличии свободных инвестиционных площадок в регионе. Речь идет как о земельных участках, так и о незадействованных промышленных площадках. Бизнесу интересен актуальный перечень территорий, подходящих для запуска инвестиционных проектов. Необходимо сделать паспорт на каждую площадку с описанием местоположения и инфраструктуры, чтобы предложить их инвесторам в информационном поле.

Агентство по управлению государственным имуществом области и органы местного самоуправления должны вести реестр инвестиционно привлекательных земельных участков, обновлять информацию обо всех объектах на этих площадках и распространять ее активно через различные информационные ресурсы.

Сегодня задача по созданию благоприятного инвестиционного климата, прежде всего, должна решаться на муниципальном уровне. Учитывая тот объем согласований, который требуется с бизнесом по выделению земли, имущественных комплексов. Органы местного самоуправления должны стимулировать и регулировать инвестиционные процессы на своих территориях.

В прошлом году заработал новый инструмент, предотвращающий создание новых административных барьеров, - оценка регулирующего воздействия. Она дает возможность определить эффект от нормотворческой инициативы и не допустить принятия законов, затрудняющих развитие бизнеса.

Сейчас оценка регулирующего воздействия работает в областном центре. Со следующего года начнется ее внедрение во всех муниципальных образованиях.

Необходимо включать в практику работы с инвестором единые регламенты сопровождения проектов по принципу «одного окна», инвестиционные паспорта муниципальных образований.

Не менее важным направлением инвестиционной политики остается работа по устранению барьеров в части ускорения прохождения административных процедур.

В значительной степени в области реализованы лучшие практики регионов России по сокращению сроков регистрации недвижимости и бизнеса, а также получения разрешений на осуществление деятельности.

Безусловно, налоговая политика является одним из факторов, влияющих на стимулирование инвестиционной активности.

С 1 января 2015 года субъектам Российской Федерации предоставлено право вводить двухлетние налоговые каникулы для впервые зарегистрированных индивидуальных предпринимателей и снижать налог с доходов по упрощенной системе налогообложения с 6 до 1%.

Сейчас министерство финансов Астраханской области и министерство экономического развития Астраханской области разработали региональный закон о налоговых льготах.

Развитие науки и инноваций играет все более заметную роль в экономике региона. А в современных экономических условиях собственные инновационные технологии становятся гарантией независимости от зарубежных разработок.

Инновационные проекты могут рассчитывать на государственную поддержку. Соответствующие механизмы уже сформированы. Действуют грантовые программы, система технопарков. Работают региональные центры молодежного инновационного творчества и школьный технопарк. Это уникальный для России проект, который позволяет начинать подготовку инженеров со школьной скамьи. Он помогает находить одаренных детей и подключать их к освоению новых технологий в самом раннем возрасте. На это направление мы никаких ресурсов жалеть не будем. Поэтому сегодня стоит задача перед региональным министерством образования и науки во всех средних образовательных школах создать филиалы нашего технопарка.

Также в планах текущего года – создание Астраханского центра прототипирования. Это специальный инженерно-производственный комплекс, способный разработать полную систему производства от компьютерного проектирования до технологической оснастки.

Важным направлением является активная имиджевая политика.

В 2014 году Астраханская область достойно презентовала свой инвестиционный потенциал в рамках Четвёртого саммита глав прикаспийских государств. Президенты 5 стран высказали заинтересованность в развитии торговых связей, наращивании инвестиционных потоков и расширении транспортных коридоров.

Переговоры, которые провели с представителями деловых кругов Европы, Китая, Индии, Ирана, продемонстрировали большой интерес к региону, готовность инвестировать в региональные проекты.

Исполнительным органам государственной власти области необходимо продолжить работу по проведению выставочных мероприятий, по организации участия в форумах и конференциях, презентации наших планов.

Инвестиционный процесс обеспечивается доступными информационными потоками, которые направлены на получение исчерпывающих ответов на вопросы инвестора.

В этом году начнут работу дополнительные справочные ресурсы «Путеводитель инвестора» и «Кодекс для малого бизнеса», которые позволят предпринимателю ориентироваться в регионе.

Для укрепления позитивного инвестиционного имиджа идет внедрение фирменного стиля региона. Он будет использоваться при позиционировании наших товаров и продуктов, изготовлении сувенирной продукции, разработке сайтов, оформлении городской инфраструктуры.
Астраханская область готова к реализации важных инвестиционных проектов, благодаря которым агропромышленный комплекс региона перейдёт на новый, более качественный этап развития.

Принята программа импортозамещения в Астраханской области на период 2015-2017 годы. В программу включены наиболее приоритетные отрасли, которые имеют стратегическое значение для региона. Это, прежде всего, обрабатывающая промышленность и сельское хозяйство: овощепереработка, рыбная промышленность, судостроение, строительные материалы и другие виды продукции.

Задача программы заключается в обеспечении комплексного развития экономики, снятии критической зависимости, в первую очередь, от зарубежных технологий и высокотехнологичной продукции, модернизации производственной базы.

Так, в агропромышленном комплексе будут реализованы проекты по развитию овощеперерабатывающих производств. Продолжит свое развитие и проект по созданию системы оптово-распределительных центров и овощехранилищ.

Благодаря реализации проектов по строительству в Астраханской области высокотехнологичных тепличных комплексов объемы поставок овощной продукции в другие регионы увеличатся почти на 30%.

Таким образом, перспективы диверсификации экономики и стимулирования притока инвестиций во многом определены региональной программой импортозамещения. Она направлена на развитие судостроения, сельского хозяйства, рыбоводства, перерабатывающего комплекса, пищевой, химической и легкой промышленности, производства оборудования. В ней установлена отраслевая направленность, закреплены меры поддержки и стимулирования развития бизнеса. Программа ориентирована на использование новых возможностей, возникших в связи с освободившимися рыночными нишами, и предполагает снятие критической зависимости от зарубежных технологий.

В результате реализации программы импортозамещения должны быть созданы новые производственные мощности, увеличены объемы выпуска на действующих предприятиях, продукция которых будет востребована не только внутри страны, но и на международных рынках.

ГЛАВА 3. РЕАЛИЗАЦИЯ ПОЛИТИКИ ИМПОРТОЗАМЕЩЕНИЯ В АСТРАХАНСКОЙ ОБЛАСТИ

3.1. Основные направления Программы импортозамещения в Астраханском регионе

Разработанная на 2015-2017 годы Политика импортозамещения в Астраханской области определяет основные направления развития региона по сферам и отраслям, описывает большое количество мероприятий, направленных на опережающее развитие области.

Программа импортозамещения в Астраханской области, в первую очередь, направлена на развитие приоритетных для нашего региона секторов экономики, а именно агропромышленный сектор и рыбоперерабатывающая промышленность. Большое внимание уделяется не сырьевому сектору, связанному с судостроением, машиностроением, развитием легкой промышленности, производством электрооборудования.

За последний год объем импорта в России сократился на 6,2%. Исключением не стала и сельскохозяйственная отрасль, где сокращение импорта составило 3%, что освободило данную нишу на рынке более чем на 1 млрд долларов. Задача астраханских сельхозпроизводителей — занять их рентабельной продукцией собственного производства.

Вступление России в ВТО и создание Таможенного союза требуют внесения принципиальных изменений в условия государственной поддержки импортозамещения. Прежде всего, должна быть решена задача совмещения членства в ВТО и обязательств по национальной программе импортозамещения. В рамках ВТО от России требуется создавать зарубежным производителям условия, аналогичные тем в которых работают национальные производители, а создание барьеров для импорта недопустимо и влечет за собой предусмотренную международными договорами ответственность. Необходимо решение вопросов модификации механизмов обеспечения государственной поддержки отечественных производителей. В рамках программы импортозамещения планируется увеличить объем несвязанной поддержки в растениеводстве и упростить ее предоставление. В некоторых регионах страны субсидии в сельское хозяйство привязаны к производству текущего года или определенным культурам. Ввиду вступления России в ВТО, следует учесть тот факт, что данная привязка переводит погектарную поддержку в «желтую корзину» в рамках правил ВТО. При исключении этой привязки данная мера будет соответствовать не подлежащей ограничению «зеленой корзине». Сложнее включить в госпрограмму несвязанную поддержку в животноводстве. Минсельхоз России прорабатывает этот вопрос. Эту меру при соблюдении условий возможно перевести в «зеленую корзину» ВТО. К ней можно отнести компенсацию стоимости кормов на 1 кг произведенной товарной продукции, субсидии на краткосрочные кредиты в животноводстве, поддержку овцеводства, северного оленеводства и коневодства.

Сенатор от Астраханской области, председатель комитета Совета Федерации по аграрно-продовольственной политике и природопользованию Геннадий Горбунов представляет интересы Астраханского региона в Совете Федерации РФ и считает, что Астраханская область имеет огромные возможности для насыщения продовольственного рынка России местной продукцией. По словам сенатора, «когда 17% ключевая ставка была введена, это вызвало шок у всего предпринимательского сообщества, не только у сельхозтоваропроизводителей. Теперь уже эта ключевая ставка составляет 15%...Думаю, что правительство оценило ситуацию — сельхозтоваропроизводителям будут выделяться кредиты субсидированные, а помощь из федерального бюджета, софинансирование, будет составлять около 15% субсидий из федерального бюджета. Все остальное будет платить сельхозтоваропроизводитель. Сейчас кредиты 23-27%. Но возможно, в связи со снижением ключевой ставки и банки будут в этой части тоже продвигаться»[25]. На одном из совещаний, которое проводил Премьер-министр России Дмитрий Анатольевич Медведев, обсуждались вопросы кредитования сельхозпроизводителей, а именно создание комфортных условий получения и погашения кредита.

В связи с развитием сельскохозяйственной отрасли одним из главных направлений будет развитие оптово-логистических центров, оптимизирующих транспортировку товара Необходимо проработать вопросы обеспечения инженерной и транспортной инфраструктурой, фитосанитарного и ветеринарного контроля, автоматизированных информационных систем для создания эффективных каналов сбыта. В результате это обеспечит конкурентное и справедливое ценообразование, повысит рентабельность предпринимательской деятельности в аграрном секторе, сократит время поставок путем грамотного распределения транспортных потоков, что позволит добиться максимальных результатов в вопросе сбыта продукции в другие регионы страны. В Астраханском регионе есть порт Оля, который до недавнего времени испытывал трудности в связи с санкциями против Ирана. На сегодняшний день Россия и Иран могут стать экономичсекими партнерами. Обе страны заявляют о готовности резко активизировать экономическое сотрудничество вопреки протестам США. Москва согласна закупать иранскую нефть, а Тегеран — российские товары и

---

[25] http://www.vestikavkaza.ru/articles/

оборудование. Страны договорились о сотрудничестве в разных отраслях экономики: от поставок зерна до строительства железных дорог общим объемом инвестиций 8,4 млрд. евро. Грузы есть и остается ждать, когда заработают все терминалы этого порта, и пойдут поступления в казну края. Астраханская область очень тесно работала и работает с Азербайджаном, с другими странами, есть представительства, консульства большого числа государств на территории области.

Астраханские производители уже направили в Минпромторг России около 50 предложений по выпуску импортозамещающей продукции, а также предложения по производству оборудования, комплектующих и услуг, необходимых для функционирования промышленных предприятий России. Акцент, прежде всего, был сделан на Астраханском станкостроительном заводе, который выпускает промышленное оборудование и имеет совместные с институтами научные разработки.

Распространено мнение, что стоимость сельскохозяйственной продукции в России в целом ниже, чем в других аграрных державах, однако на деле это касается лишь определенной экспортируемой растениеводческой продукции (сюда относятся зерновые, масличные). В реальности же большинство продовольственных товаров, включая основные «импортозависимые», реализуется производителями по более высокой цене, чем у зарубежных конкурентов (рис. 6).

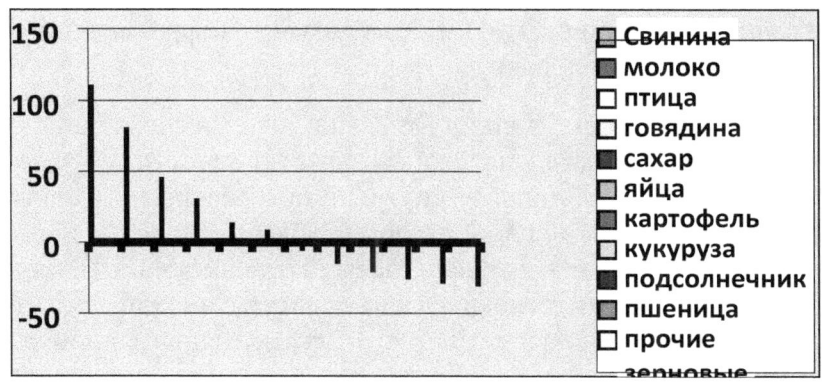

Рисунок 6. Соотношение внутренних и мировых цен.

Такие основные «импортозависимые» продукты, как свинина, мясо птицы, молоко, реализуются в среднем на 50-60% дороже, чем на крупных зарубежных рынках. По оценкам Организации экономического сотрудничества и развития, в 2008–2011годах цены на сельхозпродукцию в России были в среднем на 16% выше, чем на конкурентных мировых рынках.

Таким образом, низкие внутренние цены не могут рассматриваться в качестве причины недостаточно успешного импортозамещения. В современных условиях снижения реальных доходов и благосостояния населения меры по ограничению импорта требуют избирательного подхода и осторожности.

В Астраханском регионе в агропромышленном секторе планируется открытие тепличных комплексов, семеноводческих овощных центров, развитие логистической системы, что позволит нашим сельхозпродуктам в товарном виде выйти в торговые сети за пределами региона. Продолжится модернизация перерабатывающих, рыбных предприятий и птицефабрик. Кризис в регионе рассматривают как новую возможность увеличения ассортимента благодаря развитию тропической аквакультуры (африканский сом, тиляпия, креветки, раки).

Александр Жилкин отметил, что за последние годы регион сформировал надёжный запас прочности. «У нас есть серьёзный потенциал, внутренние ресурсы, главное — направить их в нужное русло, чтобы сохранить набранные темпы развития», — сказал глава региона. Элина Полянская, министр экономического развития Астраханской области в своем докладе рассказала об эффективности программы импортозамещения: «Программа импортозамещения и девальвация рубля запустили двигатель ускорения реализации проектов в обрабатывающей промышленности. В итоге производство пищевых продуктов впервые за 3 года обеспечило положительную динамику. Производство мяса птицы возросло почти в 3 раза, рыбной деликатесной продукции — в 1,3 раза, переработка овощей — в 1,3 раза. С положительными результатами вышло текстильное и швейное производство. Более чем в 2,6 раза увеличилось производство стеновых блоков и на 60% изделий стекловолокна. Продолжилось развитие так называемых базовых (традиционных для региона) отраслей по добыче соли и гипсового камня. По итогам 2014 года их рост составил почти 30%»[26].

Одной из самых перспективных областей для региона является судостроение. Разработаны проекты, которые вошли в программу импортнозамещения. Астраханские корабелы за последние годы смогли зарекомендовать себя на заказах для каспийских нефтяников и сейчас, когда идёт формирование особой экономической зоны, у Астраханской области есть перспективы стать крупным центром строительства буровых платформ и производства нефтегазового оборудования на юге России. В рамках программы планируется создать

[26] http://astrakhancity.com/

предприятия, на которых будут производиться все необходимые комплектующие и оборудование, благодаря чему станет возможным создание замкнутой цепи производства в судостроении. На базе данных предприятий будут создаваться конструкторские бюро, основанные на использовании точной, модульной сборки, 6D-проектировании, обслуживающие производства, занимающиеся разработкой программных решений, управлением жизненным циклом изделия. Все это относится к основным направлениям развитиям судостроительного комплекса региона в целях самостоятельной реализации судостроительных проектов любой сложности.

Активно развивается производство стройматериалов, запланированы проекты пошива одежды и обуви. Планируется создание комплексов по изготовлению полиэтилена, йода, производству сжиженного газа. Большое внимание будет уделяться поддержке таких проектов: содействие в получении грантов и субсидий, информационное сопровождение, ликвидация «барьеров». Было созданных девять рабочих групп, ответственных за реализацию и контролирующих исполнение ключевых направлений программы В их состав вошли не только госуправленцы, но и представители бизнеса, науки, молодёжь. «Необходимо вырабатывать нестандартные решения, которые помогут стимулировать нашу экономику. Возникшие кризисные явления мы должны рассматривать с точки зрения открывающихся возможностей, в первую очередь, перед нашими производителями», — заявил губернатор Александр Жилкин[27].

---

[27] http://www.astrobl.ru/

3.2. Проблемы реализации политики импортозамещения в Астраханском регионе

Основой политики является создание полноценной замкнутой системы производства в сельском хозяйстве, начиная с выращивания и заканчивая сбытом готовой к употреблению продукции. Это относится к производству овощей, рыбопроизводству, животноводству, птицеводству.

Необходимо отметить, что одним из главных сдерживающих факторов в развитии отрасли является нехватка отечественного сырья. Это приводит к импорту дорогой продукции с высокой добавленной стоимостью. Отсюда следует, что приоритетной и актуальной является задача производства в России дефицитного сельскохозяйственного сырья. Большая проблема растениеводства Астраханской области связана с использованием импортных семян, их доля составляет почти 70%.

Сельскохозяйственная отрасль нуждается в техническом и технологическом перевооружении, в связи с чем рассматривается вопрос о предоставлении субсидий на возмещение затрат по приобретению техники в размере 35% от стоимости, что исключит из субсидирования инвестиционных кредитов кредиты, привлеченные на технику.

Переходный период для сельского хозяйства нашего региона будет достаточно длительным. В зависимости от направления он разный, здесь одной формулы нет. Чтобы восполнить недобор мяса крупнорогатого скота, надо десять лет; молока –3-4 года. По остальным направлениям поменьше. По зерну и мясу птицы проблем почти нет. Астраханская область производит 1,2-1,25 миллионов тонн овощебахчевой продукции. Регион полностью обеспечивает себя картофелем и поставляет на рынки Российской Федерации значительный объем овоще-бахчевой продукции.

Рост производства и увеличение товарных потоков делают необходимым создание крупных логистических центров, оптимизирующих транспортировку товара. Сокращение времени поставок путем грамотного распределения транспортных потоков позволит добиться максимальных результатов в вопросе сбыта продукции в другие регионы страны.

Особый интерес в транспортной схеме Астраханской области представляет Морской порт Оля. Лиманский район, где находится порт, обладает большими земельными ресурсами. В разработке эффективных моделей преобразовании в порту Оля, имеющему огромное значение в экономике региона, следует применить мировой опыт в создании эффективно действующих предприятий.

Сегодня существует много проблем в управлении портовым хозяйством и эффективности организации грузоперевозок. Главные проблемы- использование устаревшего оборудования и примитивных портовых технологий, отсутствие инноваций с данной сфере. Следует отметить, что активная инновационная деятельность и развитие технологий для предприятий не самоцель, а следствие необходимости соответствовать настоящим и быть готовым к удовлетворению будущих запросов потребителей, быть конкурентоспособным.

Необходима разработка эффективной инвестиционной политики и инновационной стратегии, рассчитываемой на быстрые результаты за счет внедрения новейших концепций производства, в обмен на дорогостоящие капиталовложения.

Стоит отметить региональный судостроительный комплекс, представленный 10 крупными предприятиями, ориентированными на строительство объектов для разведки и добычи углеводородов на морских месторождениях. Как отмечает Председатель правительства Астраханской области К.Маркелов: «В настоящее время область является лидером по производственным возможностям создания сложных объектов для работы на морских месторождениях и центром управления проектами освоения запасов Каспийского моря ведущими российскими корпорациями»[28]. На сегодняшний день астраханские предприятия накопили опыт и технический потенциал для того чтобы выполнять заказы разной сложности, налажены связи с зарубежными компаниями.

Однако в условиях введенных санкций требует решения проблема, связанная с использованием иностранных комплектующих для судостроения, в связи с чем на территории региона осуществляется лишь сборка корпусов судов, то есть создается около трети добавленной стоимости. К примеру, как сообщил инженер-энергетик ООО «ЛУКОЙЛ-Энергосети» Айвар Абельдаев, доля импортного энергооборудования на морских платформах нефтяных месторождений составляет 97 процентов. Между тем Россия, в том числе Астраханская область, может производить часть этого оборудования своими силами: к примеру, вторичные распределительные щиты и щиты управления, изготавливаемые астраханцами, по словам Абельдаева, не уступают по качеству швейцарским аналогам.[29]

Почти независим от импорта рынок строительных материалов. Основными поставщиками таких материалов как цемент, кирпич и стекло являются Беларусь, Турция, Иран и Китай.

На сегодняшний день Россия зависима от импорта даже в стратегических оборонных отраслях. Из-за рубежа в страну поставляются, в основном, машины и оборудование (53,3% в структуре импорта), продовольственные товары и сырье для их производства (13,9%), продукция химической

---

[28] [Электронный ресурс] : информ.материалы. Официальный сайт. Электрон.дан. URL: http://www.interfax-russia.ru

[29] [Электронный ресурс] : информ.материалы. Официальный сайт. Электрон.дан. URL:http://kaspyinfo.ru

промышленности (14,6%).В сельском хозяйстве следует выделить три вида продуктов, импорт которых превышает 10% используемых ресурсов – фрукты (более 48%), мясо и сыр жирный (более 55%), масло растительное, вино виноградное, сахар (более 30%), молоко (почти 13%).Особенно высока доля импорта по шелковым тканям (около 90%) и по трикотажным изделиям (94%). Стабильно высокая доля импорта по швейным изделиям (85%), чулочно-носочным изделиям (60%) и обуви (76%). Сильная зависимость от импорта наблюдается по химическим волокнам и нитям – около 50%, полипропилену и полистиролу – более 30%, что ставит под сомнение отечественное развитие перспективных полимерных композиционных материалов. Импорт большинства продуктов металлургического производства не превышает 10%, исключение составляют трубы стальные (14,3%) и проволока стальная (11%)[30].

Помимо существенной зависимости России от импортных поставок, большие проблемы в развитии отечественной экономики создает необоснованное приобретение многими предприятиями, в том числе и Астраханскими, достаточно устаревших по западным меркам технологий. Многие зарубежные технологии и производства, осваиваемые нашими предприятиями, представляют собой продукт, завершающий свой жизненный цикл на мировом рынке. Зарубежным компаниям не интересно инвестировать в дальнейшую модернизацию принадлежащих им в России сборочных производств, переход на выпуск продукции, отвечающей перспективным мировым тенденциям. Более надёжными в этом отношении являются совместные предприятия российских и иностранных компаний. Данные предприятия позволяют встраиваться в мировые производственно-технологические цепочки, овладевать передовыми западными технологиями и продвигать на мировой

---

[30] www.proatom.ru

рынок приоритетные отечественные технологии и конкурентоспособную продукцию.

В Астраханской области за последние два года отмечается увеличение производства, но для роста насыщенности рынка объем инвестиций, направленных в данную отрасль, является недостаточным. Предприятия выживают в основном за счет собственных средств, что тормозит развитие региона.

3.3. Индустриально-инновационное развитие Астраханского региона

Стратегическая программа развития региональной экономики должна включать:

а) программу развития сельскохозяйственного комплекса региона;

б) программу инновационного развития промышленности.

Агропромышленный комплекс является локомотивом в реализации региональной политики импортозамещения. Следовательно, для развития экономики региона необходимо обеспечить рост объемов производства в данной отрасли.

Важной задачей в сельском хозяйстве является развитие кооперации сельхозпроизводителей. Во многом только посредством объединения фермеров под силу решать такие вопросы, как закупка новой техники, создание ремонтных комплексов, привлечение высококвалифицированных специалистов, вход в сети и многое другое.

Стратегической целью проведения промышленной политики является обеспечение стабильного инновационного развития промышленности, достижение и поддержание высокой конкурентоспособности региональной экономики.

Основными механизмами обеспечения реализации стратегических инициатив развития всех муниципальных образований региона будут являться федеральные целевые, государственные и муниципальные программы, инвестиционные и социальные программы крупных предприятий области.

НА перспективы эффективной реализации политики импортозамещения в сфере промышленности влияет ряд факторов:

- состояние мирового рынка товаров промышленного производства, определяющее заинтересованность и возможность потенциальных инвесторов участвовать в развитии промышленных отраслей;

- наличие инфраструктуры и универсальных финансовых институтов обеспечения промышленного роста (банков реконструкции и развития, отечественных и международных венчурных фондов);

- степень научного и технологического развития промышленности в стране, готовность к восприятию и освоению передовых зарубежных технологий производства.

Стратегия импортозамещения в промышленности должна строиться с учетом таких факторов роста, как рост конкуренции со стороны импортной продукции, повышение необходимости активизации российских производителей в промышленных отраслях, обеспечивающих национальную безопасность, а также увеличение доли инновационной продукции промышленного производства на внутреннем и внешнем рынках.

Можно предположить, что с позиций эффективности реализации политики импортозамещения в ближайшей перспективе усилия государства должны быть сосредоточены на отраслях промышленности, подвергающихся наиболее масштабному давлению со стороны импортируемых аналогов.

Говоря об импортозамещении, нельзя считать его главной задачей снабжения внутреннего рынка продукцией промышленного производства. Речь идет о необходимости в сжатые сроки пройти несколько этапов развития, когда промышленные отрасли должны выйти из состояния, при котором их продукция не конкурентоспособна даже на внутреннем рынке и осуществить прорыв на мировой рынок. То есть, протекционистская защита внутреннего рынка должна сочетаться со стимулированием эффективности производства и экспорта. Достижение этих целей требует применения законодательных, организационных, экономических механизмов.

Исходя из зарубежного и российского опыта могут быть предложены следующие перспективные механизмы государственного стимулирования и поддержки импортозамещения в промышленности:

А) Организационные и административные механизмы:

- развитие системы долгосрочного планирования потребности в товарах промышленного производства и четкой системы государственных закупок этой продукции;

- обновление системы промышленного контроля;

- упрощение процедур сертификации, регистрации продукции отечественного промышленного производства и порядка выпуска её в обращение.

Б) Экономические меры:

- господдержка инновационного бизнеса в промышленной среде, научно-исследовательских работ и исследований;

- формирование промышленных кластеров для локализации производства, увеличения его объемов, кооперации научных исследований и бизнес-процессов;

- поощрение инвестиций в промышленность.

Важно чтобы эти меры применялись комплексно, в соответствии со стадиями импортозамещения (разработка новых промышленных товаров, испытание и лицензирование, реклама и маркетинг, производство и дистрибьютиция), соответствовали потребностям групп производителей различных промышленных отраслей.

Для реализации политики импортозамещения необходимы соответствующие организационные структуры, в том числе координационно-консультативного характера, способные объединить усилия государства и организованного сообщества промышленных предприятий.

Исходя из круговой модели целевой картины предприятия А. Дайле, в которой выделены три сегмента-катализатора установления целей по росту, развитию и прибыли, следует отметить, что цели по развитию связаны с разработкой новых продуктов, технологий, методов производства, каналов сбыта и другими направлениями инновационной деятельности предприятия. Таким образом, в широком понимании развитие любого предприятия по своей сути является инновационным.

Результативность инноваций, находясь в плоскости достижения или поддержания конкурентных преимуществ, как отдельного предприятия, так и региона, оказывает значительное влияние на параметры эффективности. В этой связи одной из проблем, требующей своего решения, как в научном, так и в методологическом плане, является количественная оценка вклада инновационной составляющей в обеспечение эффективности производства той или иной отрасли. При этом, актуальность данной проблемы проявляется как на стадии планирования (прогнозирования), так и при проведении анализа деятельности определенного предприятия.

В качестве основы для решения обозначенной проблемы предлагается внедрить такой аналитический инструмент как метод анализа разрывов (Gap Analysis).

Данный метод позволяет выявить области ограничений в развитии производства и определить возможные направления их устранения или смягчения. Речь идет о наличии разрывов между стратегическими целями и текущими задачами отрасли (предприятия), их ресурсного обеспечения, необходимой и реализуемой при настоящем варианте развития массой прибыли и другое.

Процесс проведения анализа разрывов достаточно широко описан в виде пошагового алгоритма:

• выбор объекта анализа (процесс, показатель деятельности);

• оценка текущего состояния (значения) объекта анализа; Выявление разрыва между текущим и желаемым состоянием (значением) объекта анализа;

• обоснование направлений преодоления выявленных разрывов.

В рамках проблемы эффективности инновационной политики в промышленности суть данного метода состоит в следующем.

Стратегия предприятия или отрасли в целом определяет монетарные цели по получению прибыли. Однако, в связи с тем, что каждый из продуктов предприятия имеет ограниченный жизненный цикл, обеспечиваемая в результате его производства и реализации прибыль имеет подчиняющуюся определенным закономерностям динамику. Стартовые объемы продаж нового продукта, как правило, невелики. При этом цена объективно тяготеет к высокому уровню, так как отражает затраты на разработку, выход на рынок и запланированную мощность. Динамика прибыли на данном этапе отражает высокий уровень затрат. По мере наращивания сбыта наблюдается рост массы прибыли. Вместе с тем, расширение рынка сопровождается усилением конкуренции, побуждающей производителей продукта к снижению цены, уменьшению издержек производства. Происходит падение нормы прибыли. Сохранение возможности увеличения объема продаж позволяет в рамках определенного периода времени поддерживать рост массы прибыли. В условиях насыщения рынка удовлетворение потребностей в данном продукте начинает обеспечиваться, в том числе за счет замещения, что может вызвать снижение объема производства и недозагрузку мощностей у производителей и как следствие падение нормы и массы прибыли. Формируется ситуация, при которой предприятие, сохраняя текущее состояние, недополучает прибыль и имеет разрыв между целевыми и фактическими размерами. При этом следует отметить, что данный разрыв носит стратегический характер и его преодоление находится в плоскости инновационного развития. При таком подходе оценка разрыва применительно к массе прибыли и соответственно той части данного разрыва, которая может быть компенсирована за счет различных по своему характеру инноваций, позволяет детализировать вклад инновационной составляющей в обеспечении прироста показателей эффективности.

Дополнительной аналитической возможностью для количественной оценки влияния инноваций на эффективность предприятия обладает концепция экономической добавленной стоимости EVA (Economic Value Added). В зарубежной практике концепция EVA рассматривается как более совершенный инструмент оценки эффективности деятельности. В рамках данной концепции критерием эффективности деятельности производства является экономическая добавленная стоимость, которая в отличие от прибыли, рассчитанной по данным бухгалтерской отчетности, учитывает плату за использование совокупного капитала предприятия. Показатель экономической добавленной стоимости позволяет получить более объективную оценку эффективности деятельности предприятия, поскольку, помимо учета конечного результата, учитывает объем и стоимость капитала, задействованного для получения данного результата.

Построение факторной модели для анализа показателя «экономическая добавленная стоимость» позволяет определить резервы повышения данного показателя, которые связаны с изменением массы прибыли, объема капитала и его стоимостью. Реализация первого направления находится в плоскости инновационного развития и связана с освоением новых видов продукции (работ, услуг), новых рынков (новых сегментов рынка).Соответственно оценка влияния данного фактора на изменение величины добавленной стоимости позволяет оценить вклад инновационной составляющей.

Оценка инновационной составляющей, ее участия в обеспечении развития предприятий в практическом плане создает предпосылки для решения следующих задач:

- обоснование бюджета затрат на инновационную деятельность;

- обоснование стратегии развития;

- прогнозирование показателей эффективности деятельности;

оценка инновационной активности, инновационного потенциала

Заключение

Данная работа представляет собой исследование политики импортозамещения в России на современном этапе. Актуальность и практическая значимость данного исследования заключается в том, что в настоящее время экономика России существует в режиме санкций со стороны Запада. Как адекватный ответ Россией была выбрана политика ограничения импорта из Европы и политика импортозамещения. В современной экономической системе России давно назрела необходимость наращивания собственного производства в различных сферах, модернизация и интенсификация отечественной промышленности, продвижение отечественного сельскохозяйственного производителя. Именно политика импортозамещения позволит экономике Росси достичь более высокого уровня, интенсифицировать производство, стать независимыми от импорта и повысить уровень благосостояния народа.

Импортозамещение является важнейшим фактором развития отечественной экономики с 2000 года, но в настоящее время данная политика играет ведущую роль в стратегии развития России. Сегодня Россия стоит на пороге значительных перемен в экономике, необходимость в которых давно назрела.

В первой главе работы представлены теоретические основы региональной экономической политики, даны комплексные понятия структуры региональной политики, основных компонентов, факторов, оказывающих главное влияние на развитие региона. Также в 1 главе представлены основные причины, которые послужили импульсом для разработки стратегии импортозамещения в России на современном этапе. В данной главе автором представлены основные компоненты политики импортозамещения.

Вторая глава работы представляет собой комплексный финансовый анализ Астраханского региона. Рассмотрены показатели экономического развития региона, данные по промышленному и инвестиционному потенциалу. Авторы рассматривают привлекательность Астраханского региона с точки зрения привлечения инвестиций и внедрения эффективной политики импортозамещения. В работе определены приоритеты политики импртозамещения в Астраханском регионе с учетом особенностей и комплексных показателей развития региона.

В 3 главе работы сделаны выводы по положительным и отрицательным сторонам развития Астраханского региона и выдвинуты конкретные предложения по оптимизации политики импортозамещения с учетом приоритетов региональной политики. Основой политики является создание полноценной замкнутой системы производства в сельском хозяйстве, начиная с выращивания и заканчивая сбытом готовой к употреблению продукции. Это относится к производству овощей, рыбопроизводству, животноводству, птицеводству.

Необходимо отметить, что одним из главных сдерживающих факторов в развитии отрасли является нехватка отечественного сырья. Это приводит к импорту дорогой продукции с высокой добавленной стоимостью. Отсюда следует, что приоритетной и актуальной является задача производства в России дефицитного сельскохозяйственного сырья. Рост производства и увеличение товарных потоков делают необходимым создание крупных логистических центров, оптимизирующих транспортировку товара. Сокращение времени поставок путем грамотного распределения транспортных потоков позволит добиться максимальных результатов в вопросе сбыта продукции в другие регионы страны.

Для реализации политики импортозамещения необходимы соответствующие организационные структуры, в том числе координационно-консультативного характера, способные объединить усилия государства и организованного сообщества промышленных предприятий.

Исходя из круговой модели целевой картины предприятия А. Дайле, в которой выделены три сегмента-катализатора установления целей по росту, развитию и прибыли, следует отметить, что цели по развитию связаны с разработкой новых продуктов, технологий, методов производства, каналов сбыта и другими направлениями инновационной деятельности предприятия. Таким образом, в широком понимании развитие любого предприятия по своей сути является инновационным. Результативность инноваций, находясь в плоскости достижения или поддержания конкурентных преимуществ, как отдельного предприятия, так и региона, оказывает значительное влияние на параметры эффективности. В этой связи одной из проблем, требующей своего решения, как в научном, так и в методологическом плане, является количественная оценка вклада инновационной составляющей в обеспечение эффективности производства той или иной отрасли. При этом, актуальность данной проблемы проявляется как на стадии планирования (прогнозирования), так и при проведении анализа деятельности определенного предприятия.

В качестве основы для решения обозначенной проблемы автором предлагается внедрить такой аналитический инструмент как метод анализа разрывов (Gap Analysis). Данный метод позволяет выявить области ограничений в развитии производства и определить возможные направления их устранения или смягчения. Речь идет о наличии разрывов между стратегическими целями и текущими задачами отрасли (предприятия), их ресурсного обеспечения, необходимой и реализуемой при настоящем варианте развития массой прибыли и другое. Оценка инновационной составляющей, ее участия в обеспечении развития предприятий в практическом плане создает предпосылки для решения следующих задач:

• обоснование бюджета затрат на инновационную деятельность;

• обоснование стратегии развития;

• прогнозирование показателей эффективности деятельности;

оценка инновационной активности, инновационного потенциала. Таким образом, в данной работе достигнуты поставленные цели, сделан качественный анализ развития региона и предложены конкретные шаги по внедрению политики импортозамещения в Астраханском регионе.

Приложение 1. Показатели социально-экономического развития Астраханской области 2012-2014

Показатели	Д. измерения	2012 г.		2013 г.		2014 г.	
		Астраханская область	Ф	Астраханская область	Ф	Астраханская область	Ф
Валовой региональный продукт/ВВП	%	109,9	103,4	123,4	101,3	125,9	100,6
Индекс промышленного производства	в % к соотв. периоду пред. года	126,1	102,6	124,8	100,3	126,8	100,1
Валовая продукция сельского хозяйства	млн. руб.	24424,9	x	27066,7	x	30341,1	x
Темп к периоду предыдущего года	%	105,0	95,3	100,8	106,8	112,1	105,5
Инвестиции в основной капитал по полному кругу	млн. руб.	82 242,0	x	105 000	x	112 630	x
Темп к периоду предыдущего года	%	114,7	106,7	124,6	93,9	107,3	94,5
Объем работ по виду деятельности «строительство»	млн. руб.	21672,5	x	63262,3	x	68233,5	x
Темп к периоду предыдущего года	%	125,2	102,4	310,2	98,5	107,8	99,8
Ввод в действие жилья	тыс.кв. метров	508,8	x	594,8	x	623,7	x
Темп к периоду предыдущего года	%	100,9	104,7	116,4	107,1	104,9	108,5

www.ingramcontent.com/pod-product-compliance
Lightning Source LLC
Chambersburg PA
CBHW072217170526
45158CB00002BA/633